Mi
JARDÍN MEDICINAL

CUIDADOS ANCESTRALES
para ENFERMEDADES MODERNAS

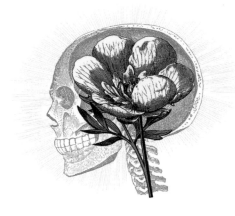

ALICE SMITH

y

Martin Purdy

¡ATENCIÓN!

En el presente libro aparecen plantas nocivas.

CONTENIDOS

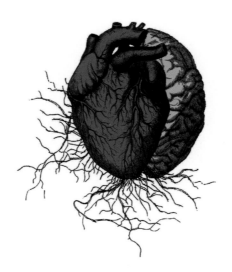

INTRODUCCIÓN

Las plantas se utilizan desde antaño por sus poderes curativos,
con efectos tanto positivos como mortales. A lo largo de los siglos,
los remedios herbales se han consagrado en el folclore, igual que los
nombres que hemos dado a las plantas y los cuentos que seguimos
contando a nuestros hijos. Muchas especies han entrado
también en los botiquines modernos.

Este libro imagina un jardín físico de plantas curativas empleadas
en todo el mundo durante generaciones. ¿Se puede usar realmente
la consuelda para curar huesos rotos? ¿Y es cierto que la hierba de
San Juan puede ahuyentar algo más que a los malos espíritus?
Mi jardín medicinal te lleva del cerebro a las entrañas para
mostrar que a veces lo que ahora parecería una locura
respondía a un método.

Este libro no pretende ser instructivo: al escribirlo no estamos
recomendando tratamientos. Tampoco es exhaustivo: existen
excepciones notables. Nuestro objetivo es intrigar, sorprender
y deleitar, ofreciendo anécdotas curiosas e inspiradoras historias
de plantas que tradicionalmente se han utilizado para curar y que
han reaparecido en los botiquines modernos. La Organización
Mundial de la Salud ha estimado que parte de la atención
sanitaria del ochenta por ciento de las personas de todo
el mundo depende de las hierbas medicinales.

Las ilustraciones dan vida a cada planta y, con suerte, servirán
para que las retengas en tu memoria. Así, la próxima vez que
camines junto a una mata de ortigas o desentierres una raíz,
recordarás antiguas curas para enfermedades modernas.

CABEZA

cerebro, nervios, ojos

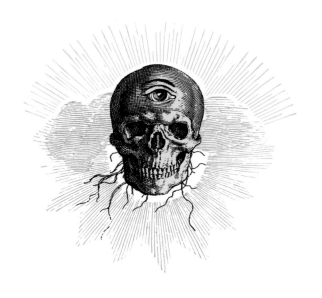

MARGARITA

Bellis perennis

OTROS NOMBRES COMUNES
bellorita, margarita de los prados, maya, pascueta

LA HUMILDE MARGARITA se ha asociado durante mucho tiempo con los días de verano iluminados por el sol y con el poder vivificante del sueño, vinculado al hecho de que las flores se cierran por la noche, lo que significa que se restauran al reabrirse cada mañana. Por lo tanto, no es difícil determinar los orígenes de uno de los nombres comunes tradicionalmente otorgados a esta resistente planta perenne en inglés, *eye of the day*, que se traduce como «ojo del día».

Tanto las flores pequeñas como las hojas en forma de cuchara de la planta contienen aceite y sales amoniacales con fama de ser buenas para aliviar los dolores musculares, pero siempre se han preferido las flores que las hojas. Utilizadas a lo largo de los siglos como ungüento para heridas, los cirujanos de la Antigua Roma ordenaban a los esclavos que las recogieran en sacos para extraer sus jugos, con los que se empapaban los vendajes para curar cortes de espada y lanza. El naturalista y filósofo romano Plinio el Viejo escribió que estos jugos mezclados con ajenjo (véase la p. 94) constituían un excelente tratamiento para las heridas de guerra.

Los herbolarios y floricultores han utilizado extractos de margarita como remedio barato para una variedad de dolencias, desde problemas oculares hasta eccema, pasando por problemas articulares y afecciones estomacales, hepáticas y renales. En Alemania, los jugos de la planta se administraban como tónico para estimular el apetito, mientras que los brotes de las hojas y capullos todavía se consumen en ensaladas en todo el mundo.

Actualmente se están llevando a cabo diversas investigaciones sobre las propiedades antibacterianas de las margaritas, pero aun así los valores medicinales de la planta siguen poco estudiados, de modo que resultan tan poco fiables como los collares confeccionados con sus flores.

MARGARITA • CABEZA

HIPÉRICO

Hypericum perforatum

OTROS NOMBRES COMUNES
corazoncillo, hierba de San Juan

ESTA PLANTA TIENE unas distintivas flores amarillas que secretan un aceite «similar a la sangre» en los períodos de floración máxima: una ofrenda tan evocadora que despertó la imaginación de los precristianos, que afirmaron que las flores debían recogerse antes del amanecer de lo que se denominó el Día de San Juan (24 de junio) si se quería disfrutar de protección contra los espíritus malignos.

Las investigaciones científicas muestran que la planta es capaz de estimular las sustancias químicas del cerebro que ayudan a regular nuestro estado de ánimo (como la serotonina), y, por lo tanto, a menudo se prescribe en forma de pastilla para combatir la depresión, el dolor y lesiones nerviosas. El hipérico es también un componente popular en los tratamientos a base de hierbas (tés, pastillas o cápsulas) para la depresión leve, la ansiedad, los estados de shock y el trastorno afectivo estacional.

Es un arbusto bajo perenne que se siente como en casa cuando se dan las condiciones de crecimiento habituales de ciertas partes de Europa, Asia y América del Norte. Su versatilidad ha hecho que se asocie con tratamientos intestinales y vesicales, así como con la preparación de aceites para masajes y apósitos para quemaduras y llagas.

Al contrario de lo que sostiene la creencia popular, la investigación moderna sugiere que ciertas propiedades del hipérico pueden producir un efecto negativo en la fertilidad. De modo que la «mujer casada» (sí, el folclore es a menudo discriminatorio) que, siguiendo el consejo de un viejo libro, se plantee salir desnuda a recoger la flor en la víspera de San Juan, hará bien en pensar otra forma de aumentar sus posibilidades de concepción.

El hipérico debe tomarse con precaución, y solo después de hablar con un médico, ya que puede reaccionar negativamente con algunos medicamentos comunes, incluida la píldora anticonceptiva. Las personas susceptibles a las alergias estacionales deben evitarlo, y los recolectores no deben recoger la flor a la luz del sol, ya que puede causar erupciones cutáneas. Los entusiastas del folclore podrían agregar que hay que evitar pisar una de estas plantas, a menos que desee correr el riesgo de que un caballo alado se lo lleve.

HIPÉRICO • CABEZA

ACIANO

Centaurea cyanus

OTROS NOMBRES COMUNES
azulejo, bracera, clavelina, lindita

L A HISTORIA MEDICINAL de esta atractiva anual está intrínsecamente ligada al pigmento «azul real», que hace que sus flores destaquen tan vívidamente en la naturaleza.

En los siglos XVI y XVII, gracias a la doctrina de las signaturas, una antigua escuela griega de pensamiento que sugiere que las plantas que semejan partes del cuerpo humano pueden usarse para tratar las dolencias de esas partes, el aciano se prescribió como tratamiento para los problemas oculares: su coloración única se percibió como la representación del epítome de cómo debería ser un ojo sano. Los pétalos de aciano todavía se utilizan en cataplasmas e infusiones para iluminar los ojos, así como en tratamientos de lavado ocular para la conjuntivitis y las úlceras corneales. Asimismo, conocida por contener lactonas, unos compuestos con leves propiedades antibióticas, la planta también se ha empleado medicinalmente como estimulante del sistema digestivo, para ayudar al hígado y como ungüento para el reumatismo.

Esta planta herbácea anual crece 60-90 cm (2-3 ft) y es capaz de prosperar en un terreno removido periódicamente, como el de un campo de maíz. En Francia se ha convertido en sinónimo de la Primera Guerra Mundial debido a cómo proliferó (igual que la amapola) en una tierra marcada por la batalla. Uno de sus nombres en inglés (*hurtsickle*) alude al hecho de que teñía de azul las hojas de las hoces durante la cosecha.

El jugo de los pétalos de aciano sirve para preparar tinta azul y un pigmento tan popular entre los acuarelistas como entre los fabricantes de tintes de telas. Los pétalos son comestibles y sirven para decorar los pasteles, aunque es mejor ceñirse a la típica guinda para el pastel de cumpleaños de los niños, ya que el aciano también se usa como laxante suave para menores.

El aciano estuvo a punto de extinguirse en Gran Bretaña tras la introducción de controles químicos de malezas más permisivos en la década de 1970. Afortunadamente, una planta que había sobrevivido a «la guerra para poner fin a todas las guerras» a principios del siglo XX no iba a desaparecer con tanta facilidad.

ACIANO • CABEZA

VALERIANA

Valeriana officinalis

OTRO NOMBRE COMÚN
hierba de los gatos

L A RAÍZ DE ESTA PLANTA de crecimiento lento ha sido valorada durante mucho tiempo por sus propiedades «antihistéricas» o calmantes. La palabra «valeriana» incluso aparece en una antigua recopilación anglosajona de textos médicos del siglo XI.

Presentada como una alternativa natural y no adictiva a los tranquilizantes en la batalla contra el insomnio y la ansiedad, la valeriana generalmente se administra en tintura o en forma de pastillas. Con una finalidad similar, el té de valeriana se toma al anochecer en muchas partes de Europa continental.

Esta planta perenne desarrolla un tallo largo y hojas parecidas a las de los helechos, y está coronada por racimos de flores pequeñas, blancas y rosadas. Crece en diferentes tipos de suelos en Europa, Asia y América y es tan versátil en su uso como en su alcance geográfico. En la Antigüedad, la valeriana era popular entre los fabricantes de perfumes, y las mujeres que esperaban atraer a un amante confeccionaban collares de ramitas con ellas, aunque su potente fragancia «coriácea» se consideraría excesiva para las sensibilidades modernas. De hecho, los antiguos griegos se referían a la valeriana como *phu* debido a su aroma desconcertante. Las raíces se pueden utilizar como ayuda para las personas con hipertensión, epilepsia o que necesitan apoyo durante la abstinencia de medicamentos como las benzodiacepinas. Debe tenerse en cuenta, sin embargo, que el olor de una raíz recién desenterrada puede atraer a los felinos (y a las ratas) del vecindario de una manera tan hipnótica como la nébeda (*Nepeta*), y es probable que los aspirantes a flautistas alcancen más éxito con los roedores si tienen el bolsillo lleno de valeriana que tocando una melodía decente con un instrumento de viento rústico.

Una advertencia importante: debido a la potencia de la valeriana y sus propiedades inductoras del sueño pesado, no es adecuada para los más pequeños.

VALERIANA • CABEZA

BELLADONA

Atropa belladonna

OTRO NOMBRE COMÚN
solano furioso

TANTO PARA AYUDAR a derrotar al ejército romano de Marco Antonio en la guerra parta como para proporcionar a Shakespeare un arma evocadora de muerte en *Macbeth* o en *Romeo y Julieta*, la belladona ha ocupado durante mucho tiempo un lugar en la imaginación popular como el «veneno a usar».

Miembro de la famosa familia de las solanáceas (*Solanaceae*), esta planta nativa de Europa, Asia occidental y el norte de África constituye una de las plantas más tóxicas del hemisferio oriental, pero es poco conocido el hecho de que algunas de sus partes continúan empleándose con fines beneficiosos en la medicina convencional.

Los jugos de esta frondosa planta perenne contienen los ingredientes activos atropina e hiosciamina, que dilatan las pupilas y facilitan así los exámenes oculares y la cirugía. Las «damas» que iban a la moda (particularmente en Italia, donde *bella donna* se traduce como «mujer hermosa») solían emplear los jugos de la planta, creyendo que las pupilas agrandadas las hacían lucir más atractivas y con ojos de ciervo.

Los antiguos curanderos utilizaban la belladona como relajante para aliviar el dolor de los órganos e intestinos distendidos del estómago, así como tratamiento para los cólicos y las úlceras pépticas. Existe cierta base médica para tal uso, ya que la planta contiene alcaloides tropánicos, que afectan a las partes del sistema nervioso que controlan las actividades en el estómago, los intestinos y la vejiga. Los riesgos, sin embargo, son elevados: todas las partes de la planta contienen venenos alcaloides, e incluso beber una pequeña dosis puede provocar coma o la muerte.

Afortunadamente, con sus flores púrpuras en forma de campana, bayas negras y grandes hojas verdes, no es una planta difícil de identificar. Dados sus poderes mortales, lo mejor es dejar su uso en manos de los oftalmólogos o de las brujas, que, según el folclore, usaban la belladona para impulsar sus aventuras aéreas.

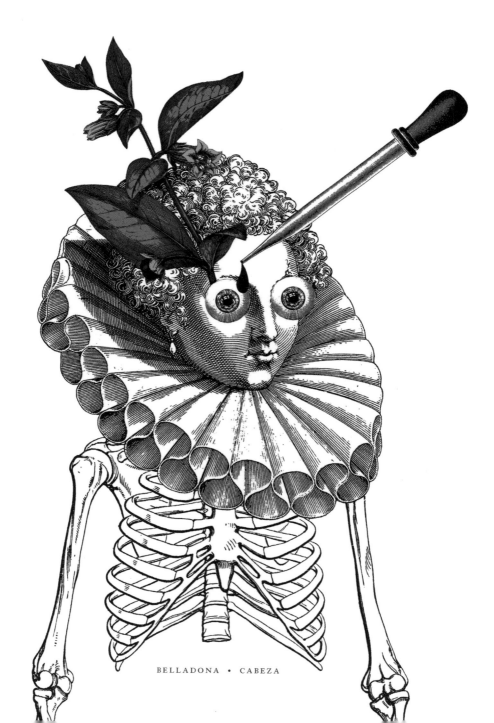

BELLADONA · CABEZA

ESCUTELARIA AMERICANA

Scutellaria lateriflora

OTRO NOMBRE COMÚN
escutelaria de Virginia

¿NECESITAS DESESTRESARTE? La elección, no muy obvia, podría ser una flor pequeña que guarda un parecido sorprendente con un tipo de casco que en el pasado usaban los soldados romanos, pero las apariencias pueden ser engañosas.

Este miembro tupido de la familia norteamericana de la menta (cuyo homónimo europeo comparte propiedades similares) constituye una ayuda natural para el tratamiento del estrés crónico, la ansiedad, la depresión relacionada con el estrés y el insomnio. También se prescribe para la epilepsia y la abstinencia de tranquilizantes y narcóticos, y en personas con esclerosis múltiple, colesterol alto y alergias.

Esta planta, que muestra preferencia por áreas abiertas y soleadas a lo largo de arroyos, ríos y zanjas, presenta pares de atractivas flores de color azul violeta que parecen platitos, o bien los cascos de cuero ajustados (*galerum*) que lucían los legionarios romanos. En referencia a su nombre latino, la palabra *scutella* se traduce como «platito».

Los herbolarios aprovechan toda la planta, aunque siempre se han preferido las raíces y las hojas en los remedios tradicionales chinos y indios americanos que tratan una amplia variedad de enfermedades, desde la diarrea hasta el dolor crónico. Originalmente empleada para aliviar fiebres y convulsiones en Europa, la planta se asocia más en América del Norte con el tratamiento de la agitación, el miedo y la rabia. La investigación sugiere que estimula el ácido gamma-aminobutírico (GABA), un neurotransmisor que actúa para calmar los nervios. Vale la pena señalar que eso es también lo que buscan hacer muchos medicamentos contra la ansiedad.

La escutelaria americana se encuentra disponible como suplemento en forma de cápsula, polvo o líquido, y las partes secas de la planta (generalmente las hojas) también se utilizan para hacer tés relajantes. Tal vez sea conveniente tomar una bebida de este tipo antes de una entrevista de trabajo, ya que los herbolarios afirman que el punto fuerte de la escutelaria americana es que ayuda a calmar los sentidos sin comprometerlos.

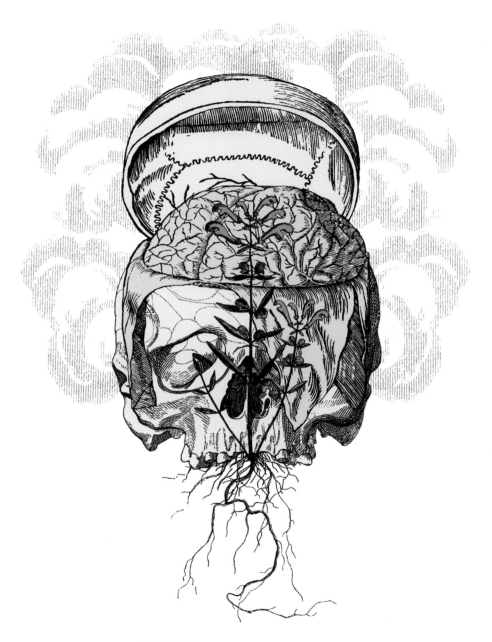

ESCUTELARIA AMERICANA • CABEZA

MANZANILLA

Matricaria chamomilla

OTROS NOMBRES COMUNES
camomila, magarza

E STA HIERBA DE CRECIMIENTO BAJO, con hojas que huelen a manzanas, ha sido un ingrediente popular en la bolsa de los curanderos desde los días de los faraones.

En el Antiguo Egipto, la manzanilla era venerada y se dedicaba al dios del sol Ra debido a la forma en que cada botón amarillo dorado anidaba perfectamente en el centro de los abundantes pétalos blancos, parecidos a los de las margaritas. Tradicionalmente prescrita como un remedio para el estrés, la inquietud, el insomnio y las dolencias asociadas, como los ojos cansados y somnolientos y los párpados pesados, los herbolarios modernos continúan empleándola con fines similares.

Las cabezas de las flores de la planta se pueden secar o recogerse frescas para hacer infusiones como tés relajantes, que también se dice que poseen un efecto calmante en caso de molestias digestivas y gástricas. Durante la destilación al vapor, las flores producen el compuesto químico aromático llamado camazuleno, que constituye un antialérgico útil contra la fiebre del heno, las afecciones cutáneas con picazón, el asma, el eccema y las distensiones oculares alérgicas. En la piel con picazón o eccema y en los pezones doloridos pueden aplicarse cataplasmas de manzanilla. Asimismo, los ensayos clínicos han demostrado que los antiguos romanos tenían razón en su creencia de que la planta ejerce un impacto positivo en los dolores menstruales y en síntomas emocionales como los cambios de humor.

Se halla entre las pocas hierbas consideradas seguras para los niños, pues el extracto de manzanilla se emplea para calmar a los bebés; también se presenta en una amplia gama de productos comerciales para adultos, lo que incluye enjuagues bucales, protectores solares, cosméticos y champús.

Uno de los nombres que recibe la planta, *chamaemelum*, proviene del griego y se puede traducir como «manzana de tierra». El término está relacionado con el aroma de las hojas de la planta, pero también podría considerarse una alusión a la forma en que la planta actúa como «médico» para sus vecinas, al proporcionar nutrientes a las que están enraizadas cerca.

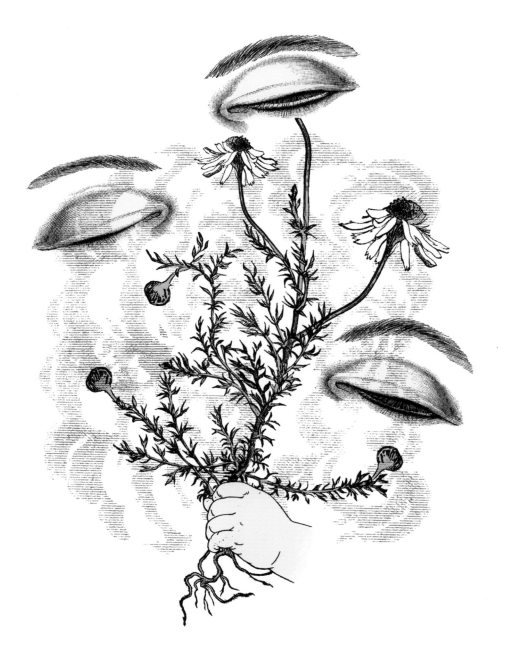

MANZANILLA • CABEZA

PASIONARIA

Passiflora incarnata

OTRO NOMBRE COMÚN
pasiflora

Fueron los soldados españoles del siglo XVI los que dieron a esta perenne su evocador nombre. A su llegada a México, los conquistadores católicos quedaron impresionados por lo que consideraron como la representación perfecta de la Pasión de Cristo en una planta: el estigma de tres cabezas de flores, que evocaba los clavos de la cruz; sus cinco sépalos, las heridas infligidas, y sus elementos radiales, la corona de espinas.

Los extractos de este trepador de zarcillo de hoja perenne se han incluido tradicionalmente en tratamientos naturales (por lo general, en tés) para la reducción de la ansiedad y el insomnio. Estudios más recientes sugieren que los componentes de la planta pueden aumentar los niveles de una sustancia química natural en el cerebro capaz de disminuir o calmar la actividad del sistema nervioso central. Los investigadores también están explorando la posibilidad de que los extractos de pasionaria, rica en unos antioxidantes llamados flavonoides, puedan ayudar en caso de afecciones vinculadas con el proceso de oxidación del cuerpo, como el párkinson y el alzhéimer.

Resistente habitante de América del Sur y de partes orientales de América del Norte, la pasionaria es una fanática de la luz solar y el suelo húmedo, y puede alcanzar alrededor de 6 m (20 ft) de altura. Constituye una de las plantas favoritas de los indios cheroquis, que usaban la raíz en infusiones para tratar diversos problemas cotidianos, desde los dolores de oído, los forúnculos y las pequeñas heridas, hasta el destete de niños. De la misma manera que los cosechadores modernos a menudo usan pasionaria, los cheroquis también utilizaron sus hojas y flores de verano como ingredientes esenciales en una potente bebida para reducir la ansiedad. Dado su potencial para infundir una suave sensación de somnolencia de estilo sedante, conviene que la eviten los pilotos de aerolíneas, los conductores de camiones de larga distancia y los operadores de máquinas.

PASIONARIA • CABEZA

EUFRASIA

Euphrasia officinalis

OTRO NOMBRE COMÚN
euprasia

E N EL POEMA ÉPICO del siglo XVII *El paraíso perdido*, de John Milton, el arcángel Miguel presenta la eufrasia a Adán en el jardín del Edén para que vea el mundo con mayor claridad. Esta es una referencia histórica para sus lectores que sigue siendo evocadora.

Al igual que sus predecesores, los herbolarios modernos continúan utilizando esta pequeña y elegante enredadera anual para el tratamiento de afecciones oftálmicas que van desde enrojecimiento e hinchazón de los ojos hasta conjuntivitis, blefaritis y fatiga ocular. Está comprobado que los compuestos de la hierba son antiinflamatorios y antibacterianos, por lo que resultan útiles contra las afecciones infecciosas y alérgicas de los ojos, los senos paranasales y las fosas nasales. Sin embargo, debido a que la eufrasia contrarresta la mucosidad líquida, debe evitarse en el ojo seco y con la congestión nasal, ya que su astringencia podría empeorarlos.

Los primeros curanderos percibieron las manchas púrpuras y amarillas de las flores como la forma en que la naturaleza representa los ojos humanos dañados, lo que resultó en el nombre inglés de la planta, *eyebright* («ojo radiante»), y su aparición en la doctrina de las signaturas como una planta para usar en afecciones oculares.

Además de su historia oftálmica primordial, se ha sugerido en varias ocasiones que la eufrasia también puede proporcionar otros remedios médicos: el herbolario del siglo XVII Nicholas Culpeper mencionó que podía usarse como tónico para mejorar la memoria, y también se ha recomendado como tratamiento para resfriados y afecciones bronquiales. La eufrasia es común en toda Europa, donde crece de forma semiparasitaria en prados herbosos y campo abierto.

EUFRASIA • CABEZA

MATRICARIA

Tanacetum parthenium

OTROS NOMBRES COMUNES
camelia de los huertos, crisantemo de jardín, flor de los santos,
hierba de Santa María, magarza, magarzuela, manzanilla de huerta, migranela

CONSIDERADA COMO la «aspirina medieval», las hojas de color verde amarillento de esta hierba naturalizada proporcionan un alivio de la fiebre y de los dolores de cabeza desde hace siglos.

La reputación de la matricaria como sanadora se ha mantenido a través de los siglos, y se usa desde el siglo I para tratar inflamaciones, artritis, dolores e infecciones. Sin embargo, ha servido más comúnmente como bálsamo para la fiebre y los dolores de cabeza: el rey Carlomagno, por ejemplo, la cultivó como cura para las «fiebres del cerebro», pues como gobernante de los francos en el siglo VIII debía de saber lo que son los dolores de cabeza.

Ahora, con fama de aliviar las migrañas, la matricaria se toma en forma de pastillas, o bien las hojas frescas se comen en sándwiches para disimular su sabor amargo. Se están realizando estudios sobre el efecto de la matricaria en la artritis, así como su uso tradicional como anticoagulante para aliviar los dolores menstruales y de parto. Además, John Pechey, en *The Compleat Herbal of Physical Plants* (1694), instaba a sus lectores a llevar siempre una ramita de matricaria al salir de paseo en verano, ya que las abejas y las moscas la odian.

Las flores limpias y verticales de esta planta perenne de Europa, Asia y las Américas no son muy diferentes a las de las margaritas (véase la p. 8). Característica de los jardines y de los terrenos baldíos, la matricaria a veces se observa en grupos alrededor de los cementerios rurales de las islas británicas; y eso se debe, según se dice, a que las flores se utilizan como decoración floral gratuita de los ataúdes del campesinado, y algunas inevitablemente caen y arraigan cerca. El nombre latino del género (*Tanacetum*) deriva de la palabra griega para «inmortalidad», *athanasía*, que puede referirse al hecho de que la planta florece durante mucho tiempo.

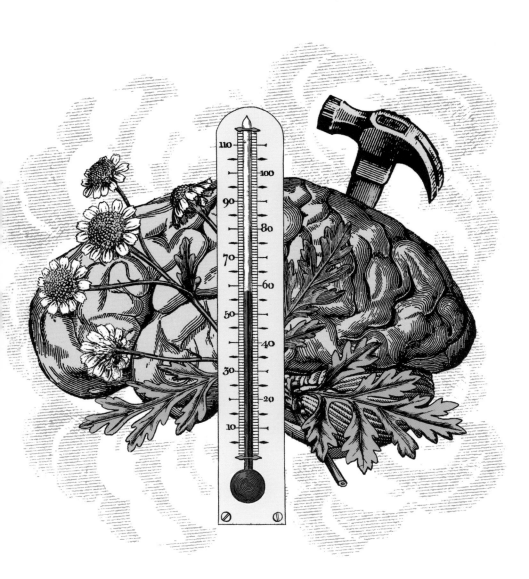

MATRICARIA • CABEZA

ROMERO

Salvia rosmarinus, syn. *Rosmarinus officinalis*

OTRO NOMBRE COMÚN
rosmarino

¿QUÉ HAY DETRÁS DE UN NOMBRE? Bueno, pues bastante cuando se trata de este potenciador de la memoria con sus pequeñas hojas en forma de aguja y flores suaves.

Originaria de Asia y el Mediterráneo, donde todavía crece en abundancia en los acantilados marinos, el nombre del género, *Rosmarinus*, deriva de las palabras latinas *ros* y *marinus*, «rocío del mar». Sin embargo, su nombre más común en inglés, *rosemary*, «rosa de María», está vinculado al cristianismo y a la creencia de que la Virgen María arrojó su capa azul sobre un arbusto y las flores se transformaron al instante del mismo color que la prenda.

Los eruditos y los estudiantes en la Antigua Grecia lucían coronas de romero trenzadas en el cabello (o guirnaldas alrededor del cuello) para potenciar la memoria durante los períodos de estudio, lo que la investigación moderna podría apoyar: una de las teorías contemporáneas afirma que la hierba incluye un antioxidante que reduce los niveles de ansiedad, lo cual facilita una mayor concentración.

En todo el mundo, desde antaño, las ramitas de romero también tienen usos asociados al cabello, y los peines se hacen de madera de romero; ello se debe a que se cree que su aceite estimula la circulación sanguínea en el cuero cabelludo y aumenta tanto el grosor como el crecimiento del cabello. Suponemos que tal uso habría sido mal visto en tiempos de la peste, cuando el romero era escaso debido a su popularidad como preventivo, especialmente quemándolo en salas de cuarentena para purificar el aire. Se dice que su precio aumentó de doce peniques por brazado a seis chelines por puñado durante una plaga en Inglaterra en 1603.

Ahora, presentado de forma habitual como ingrediente alimenticio, en artículos de tocador y productos de baño, la popularidad de esta perenne crece sin cesar. Si el romero alivia, aunque sea un pequeño número de dolencias, desde resacas hasta pesadillas e indigestión, estrés y dolor de ciática, todos deberíamos cultivarlo en casa.

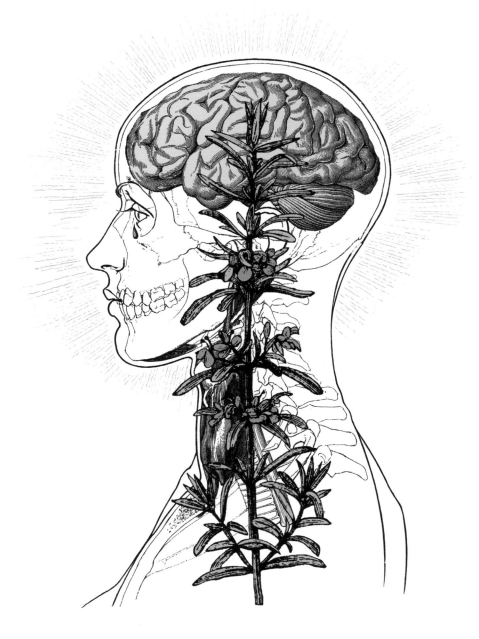

ROMERO • CABEZA

ARÁNDANO SILVESTRE

Vaccinium myrtillus

OTROS NOMBRES COMUNES
mirtilo silvestre, ráspano

SE HA AFIRMADO que el fruto de este arbusto caducifolio llamó la atención de los médicos occidentales durante la Segunda Guerra Mundial, después de que los pilotos de la Royal Air Force (RAF) informaran que su visión nocturna mejoraba después de tomar mermelada de arándano silvestre.

Dejando a un lado los mitos militares, la investigación ha demostrado que las bayas de arándano silvestre de color negro púrpura ayudan a los ojos a adaptarse a la oscuridad al estimular la parte de la retina más involucrada en ver con claridad, especialmente en condiciones de poca luz. Otros estudios sugieren que las bayas pueden ayudar a mejorar la miopía y reparar el daño retiniano causado por la diabetes e hipertensión.

El poder del fruto del arándano deriva del número de antocianinas que contiene. Las antocianinas son un tipo de flavonoide, unos compuestos con efectos antioxidantes, y responsables del color rojo, azul o púrpura de ciertas frutas y verduras. Los antioxidantes del arándano silvestre ayudan a preservar los tejidos oculares para reducir el estrés relacionado con la edad, aumentar la circulación en los capilares, mejorar la retención de líquidos y, muy posiblemente, reducir el riesgo de cáncer.

Las hojas del arbusto también se pueden usar para tratar problemas del tracto urinario y afecciones de la vejiga irritable, así como para estimular la actividad que ayudaría a prevenir la diabetes. Las flores pequeñas y acampanadas a menudo se prescriben como laxante suave y para aliviar la diarrea.

El arándano silvestre crece en páramos húmedos, bosques y brezales en Asia, Europa y América del Norte. Las flores aparecen a prineipios de verano y las bayas en otoño. En toda Europa, las bayas se utilizan para elaborar licores, pasteles y mermeladas.

ARÁNDANO SILVESTRE • CABEZA

GINKGO

Ginkgo biloba

OTROS NOMBRES COMUNES
gingko, nogal del Japón

CON MÁS DE DOSCIENTOS MILLONES de años de antigüedad, se entiende que los humanos demuestren una gran fascinación por la especie de árbol vivo más antigua del mundo, y por los secretos que podría contener sobre cómo alcanzar una vida larga y saludable.

Popular en los templos chinos y japoneses desde la Antigüedad, se cree que el nombre de este robusto árbol se originó en una falta de ortografía del nombre japonés *gin kyo* («albaricoque plateado»). Sus semillas y hojas en forma de abanico se utilizan en la medicina china para el tratamiento del asma, la tos y los problemas de vejiga desde el siglo XV, mientras que se usa como suplemento en Occidente para las personas que en la etapa de madurez siguen dispuestas a «aferrarse a sus facultades».

Llegado a Europa hace unos trescientos años, se podría decir que este árbol constituye una adición relativamente reciente en los territorios que hay más allá de sus costas nativas, si bien pocos habrían apostado en contra de que este «fósil viviente» sobreviviera en casi cualquier lugar. En 1945, cuando Hiroshima fue atacada con la bomba atómica, seis de los árboles sobrevivieron a pesar de estar a menos de 2 km (1,24 millas) del epicentro de la explosión. Lástima que los dinosaurios no hubieran recibido ningún consejo útil de estos árboles cuando coincidieron en la línea del tiempo.

Los árboles de ginkgo pueden alcanzar hasta 50 m (164 ft) de altura y son resistentes a algunas plagas de insectos y hongos, así como a los climas más extremos. Sus hojas contienen numerosas moléculas generadoras de antioxidantes y de antiinflamatorios conocidos por mejorar el flujo sanguíneo del cerebro. La investigación sugiere que el ginkgo no previene la demencia ni el alzhéimer, pero puede ser beneficioso para las personas que ya reciben tratamiento para tales enfermedades. Los estudios en curso indican que también puede desempeñar un papel positivo y calmante en el apoyo al tratamiento de la esquizofrenia, el trastorno por déficit de atención con hiperactividad (TDAH) y el autismo. El hecho de que el ginkgo favorece la circulación y el flujo sanguíneo justifica que a menudo se tome después de un accidente vascular cerebral y para aliviar los síntomas del síndrome premenstrual.

GINKGO • CABEZA

CRISANTEMO

Chrysanthemum x *morifolium*

OTRO NOMBRE COMÚN
crisantema

MIENTRAS QUE EN OCCIDENTE SE PREFIERE como planta de interior por sus cualidades ornamentales, en China el crisantemo es venerado como remedio herbal «superior», respaldado por la deidad mitológica Shennong e incluido en la farmacopea china más antigua conocida, que se remonta al siglo I.

El crisantemo es una planta que en Asia oriental vinculan con la inmortalidad y la desaceleración del proceso de envejecimiento, y se bebe como una refrescante tisana o se presenta como una infusión Ju Hua para mejorar la vista. Las cabezas de las flores maceradas son populares como tratamiento para los ojos enrojecidos después de largas horas de trabajo, lectura o uso prolongado de ordenadores: simplemente se colocan cabezas de flores tibias sobre los ojos cerrados y al cabo de un rato se reemplazan por otras más frías.

Los curanderos chinos también creen que esta atractiva planta perenne, con sus rayos amarillos de flores, tiene el poder de aliviar los dolores de cabeza y contrarrestar infecciones como la gripe y los resfriados. Además, recomiendan que las hojas frescas se empleen como cataplasmas antisépticas para el acné, las espinillas, los forúnculos y las llagas.

La investigación científica ha demostrado que los extractos de crisantemo pueden resultar de gran valor en el tratamiento de la hipertensión y la angina de pecho, mientras que un estudio realizado por la NASA puso de relieve que la reputación de la planta como purificador de aire está totalmente justificada porque es capaz de eliminar del entorno una serie de productos químicos potencialmente dañinos, desde el benceno hasta el amoniaco.

En griego, *chrysánthemon* significa «flor de oro»; no en vano, esta humilde planta debe verse claramente como una mercancía de alto valor.

CRISANTEMO · CABEZA

PECHO

*corazón, garganta, linfas,
pulmones, sangre*

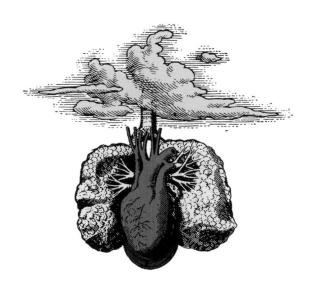

DEDALERA

Digitalis purpurea

OTROS NOMBRES COMUNES
calzones de zorra, chupamieles, digital, gualdaperra

EL NOMBRE QUE EVOCA el pequeño utensilio para proteger el dedo al coser de esta planta típica de los bosques europeos hace difícil imaginar que alguna vez fuera vista como una hierba del inframundo, pero no cabe duda acerca de su poder tóxico.

La mayoría de nosotros recordamos que siempre se nos ha advertido que no tocáramos las dedaleras, y por una buena razón: ingerir cualquier parte de la planta puede provocar un envenenamiento por glucósidos cardíacos mortales y, como consecuencia, los primeros médicos y recolectores tendían a evitar la planta.

El cambio se produjo a finales del siglo XVIII, cuando el doctor William Withering descubrió, durante los tratamientos para la hidropesía, que las hojas lanceoladas de la dedalera poseían un efecto directo en el corazón. La experimentación científica posterior llevó a identificar y aislar los principios activos de la digitoxina y la digoxina, así como su papel en la desaceleración del pulso, el aumento de la fuerza de las contracciones cardíacas y la cantidad de sangre bombeada por cada latido. ¿El resultado? Una variedad particularmente poderosa de la dedalera, *D. lanata*, se cultiva y cosecha a escala industrial para fabricar medicamentos que fortalecen el corazón y que se recetan en todo el mundo.

Esta planta es una de las favoritas de las abejas, cuyas visitas a menudo contribuyen a definir la forma tubular de su colorida gama de flores púrpuras, rosadas y blancas. Las dedaleras alguna vez fueron definidas en inglés como las casas o guantes de las hadas, pero su nombre anglosajón más antiguo conocido, *foxes glofa*, que significa «guante de zorro» y del que deriva el actual *foxglove*, ha perdurado. Uniendo los dos temas, una vieja leyenda cuenta que las hadas dieron a los zorros las flores para que se las calzaran para entrar de noche en los gallineros.

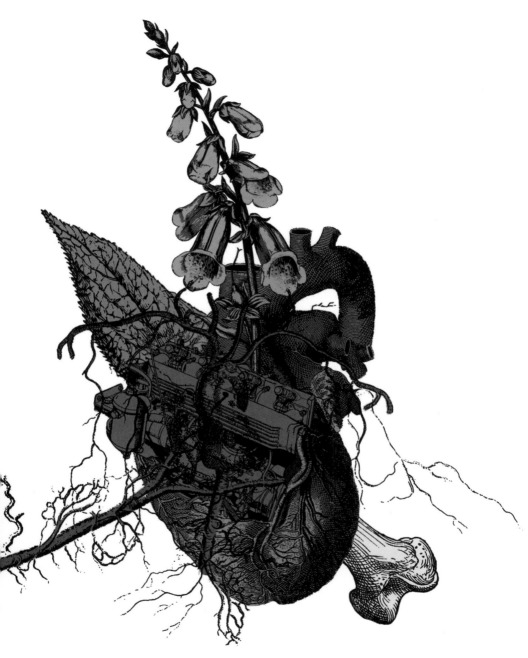

DEDALERA • PECHO

SAÚCO

Sambucus nigra

OTROS NOMBRES COMUNES
sabú, sabuco

AUNQUE DEMONIZADO por la Iglesia cristiana debido a su asociación con los druidas, el ritual pagano y la magia, los poderes curativos de este árbol de rápido crecimiento y parecido a un arbusto no deben ser ignorados.

Los herbolarios modernos todavía recurren a diferentes partes del saúco para reforzar el sistema inmunológico contra las cepas de la gripe, los resfriados y las afecciones del pecho, mientras que las bayas de principios de otoño a menudo se usan por su efecto antiviral y su papel para acelerar la recuperación de las infecciones respiratorias. Las flores (mejor si se cosechan a principios del verano) se han utilizado tradicionalmente para elaborar tés para calmar la fiebre, y siguen siendo muy populares para tratar los resfriados y la gripe, los catarros, las infecciones del oído y las mucosas irritadas de la garganta y las fosas nasales. Los extractos de saúco también se prescriben para disminuir la presión arterial, actuar como laxantes y para la diabetes.

Dados los poderes curativos de este árbol de los bosques, márgenes y terrenos baldíos europeos, es fácil ver por qué el saúco fue objeto de tantas supersticiones. Los leñadores de la Inglaterra rural solían recitar una plegaria a «Madre Saúco» cuando cortaban las ramas para tratar de evitar su ira, mientras que a menudo estos árboles se plantaban para proteger las propiedades y a sus habitantes de los rayos y los espíritus malignos. Los aficionados a la magia deben saber que las varitas se solían fabricar con madera de saúco debido a los poderes mágicos que se decía que poseía el árbol.

En un intento por romper el hechizo que el árbol habría lanzado sobre la gente común, las autoridades de la Iglesia afirmaron que Judas se había colgado de un saúco y que la madera con la que se hicieron las cruces de las crucifixiones era de un saúco. Tales asociaciones oscuras lograron un éxito limitado entre la gente del campo, que continuó confeccionando las cruces de las tumbas con madera de saúco en la creencia de que ayudaría a los espíritus a pasar con seguridad al «otro lado».

SAÚCO • PECHO

TUSILAGO

Tussilago farfara

OTROS NOMBRES COMUNES
fárfara, uña de caballo

FUMAR UNA PLANTA con forma de pata de caballo no es un tratamiento que atraiga a mucha gente, pero los beneficios bronquiales de esta resistente planta perenne han superado la prueba del tiempo.

Hay constancia del uso medicinal de diferentes partes del tusilago desde el siglo I: se sabe que los antiguos griegos y romanos secaban sus hojas para fumar como remedio para la tos y el asma, mientras que los herbolarios chinos usaban las flores para hacer jarabes contra la tos o cigarrillos. A veces, los que intentan dejar de consumir nicotina fuman tusilago como alternativa.

Los europeos han preferido el uso de las hojas o los tallos, en particular para elaborar infusiones destinadas a eliminar la congestión, pero fueron las flores de tusilago las que aparecieron en la señalización de los boticarios parisinos como símbolo genérico de curación.

Por lo general, la planta crece en tierras incultas; las florecillas de tusilago, parecidas al diente de león, aparecen a principios de primavera, y sus hojas, en verano. Uno de los nombres comunes de esta planta originaria del norte de Asia, América y Europa hace referencia a su parecido con una pezuña equina, pero es la denominación botánica de la planta, *Tussilago* (derivado del latín *tussis*, que significa «tos»), la que continúa despertando el entusiasmo de los herbolarios.

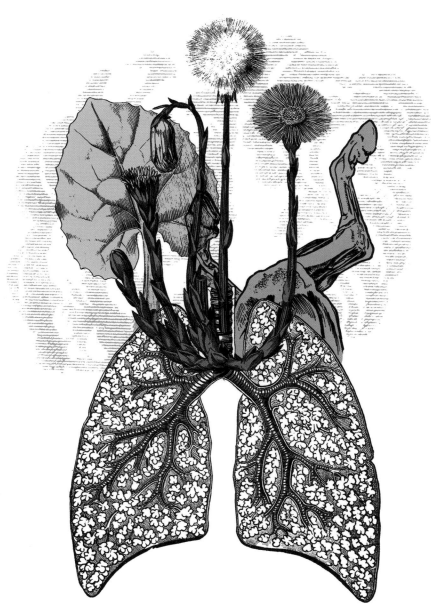

TUSILAGO • PECHO

PENSAMIENTO SALVAJE

Viola tricolor

OTROS NOMBRES COMUNES
flor de la trinidad, trinitaria común, violeta persa

FUE EN LA ÉPOCA victoriana cuando más se idealizó a esta planta, que ya Shakespeare había utilizado en *El sueño de una noche de verano* para obtener una poción de amor mágica.

Esta perenne de corta duración y poca altura crece en la mayor parte del mundo, y sus flores (de color púrpura, amarillo y blanco) se suelen percibir como cálidas y amables, capaces de actuar como un bálsamo para las «enfermedades» del corazón. Ahí radica probablemente, además de en la melodramática creencia victoriana de su poder como poción de amor o reparadora de corazones rotos, el origen de su nombre más popular en inglés (*heartsease*).

La planta se prescribía tradicionalmente como remedio para la epilepsia y la gota, así como antiinflamatorio y para tratar la tos, el asma, la bronquitis y los trastornos de la piel. También se usaba para los problemas de enuresis, «roya de la leche», costra láctea y otras afecciones relacionadas con los niños. Incluso se ha sugerido que las proteínas de la planta podrían ejercer un efecto citotóxico positivo en las células cancerosas, pero la investigación al respecto sigue siendo limitada y está lejos de ser concluyente.

En la actualidad, el pensamiento salvaje ya no goza de una gran demanda por parte de los herbolarios modernos, por lo que es más probable que sus flores aparezcan como decoración en un pastel o en una costosa comida de restaurante para proporcionar un toque de «fantasía victoriana». Si quieres impresionar a otros comensales, explica que, según el lenguaje victoriano de las flores, los pétalos morados simbolizan la memoria; los blancos, los pensamientos amorosos, y los amarillos, un recuerdo de la amistad.

PENSAMIENTO SALVAJE • PECHO

BIZNAGA

Ammi visnaga

OTROS NOMBRES COMUNES
escarbadientes, marciaga, pastinaca bastarda, visnaga

Esta planta se solía usar para tratar las sibilancias y la tos, y los investigadores de mediados del siglo xx desarrollaron extractos de este miembro floreciente de la familia de la zanahoria para elaborar un alivio para los asmáticos.

Esta anual puede crecer hasta 1 m (39 in) de altura y es una buena fuente de kelina, un compuesto químico beneficioso que se encuentra en las semillas de la planta, así como en sus hojas suaves, plumosas y similares al hinojo. Desde entonces, estas propiedades botánicas activas se sintetizan comercialmente para diversos medicamentos que sirven para tratar las enfermedades respiratorias, desde alergias y asma hasta bronquitis, tos persistente y tos ferina.

El tallo alto, junto con el encaje de las cabezas florales de la planta, le otorgan un aspecto distintivo, lo que hizo que la biznaga destacara para los antiguos curanderos del norte de África, Oriente Medio y el Mediterráneo.

Los antiguos egipcios veneraban esta planta como bálsamo para los trastornos de la piel, y se dice que comerciantes nómadas del norte de África masticaban la raíz en la creencia de que podría estimular los pigmentos de la piel y ofrecer una forma natural de protección contra la intensidad implacable de los rayos del sol. Los residentes del Delta del Nilo usaron extractos de biznaga como tratamiento para enfermedades parasitarias transmitidas por el agua, como la esquistosomiasis urinaria, así como para descomponer dolorosos cálculos renales. No tan dramático, pero no menos práctico, es el uso de los robustos tallos de las flores como maravillosos mondadientes.

Los herbolarios modernos recomiendan comer semillas enteras de esta especie del género *Ammi*, o bien inhalar las semillas trituradas remojadas en agua hirviendo a través de un pañuelo o tela, para aliviar la congestión nasal y combatir la tos persistente.

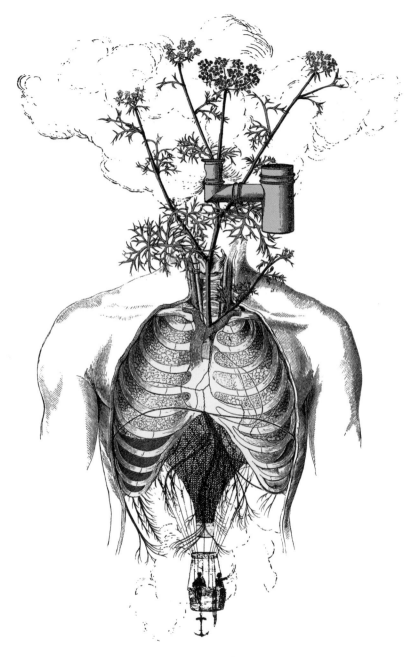

BIZNAGA • PECHO

ESPINO BLANCO

Crataegus monogyna

OTROS NOMBRES COMUNES
espino albar, majuelo

DESDE SU TRONCO hasta sus hojas, hay poco del espino blanco que no sea de valor, pero para aquellos con problemas cardíacos, son las bayas las que mejor fundamentan su condición de «árbol mágico».

Las bayas del árbol se utilizan para elaborar tónicos cardíacos desde hace más de dos milenios. Al igual que sus predecesores, los herbolarios modernos lo emplean para combatir los latidos cardíacos irregulares, mejorar la oxigenación y el metabolismo del corazón, dilatar las arterias coronarias, normalizar la presión arterial y mejorar afecciones circulatorias como la enfermedad de Raynaud. Sin embargo, incluso la broma que los escolares británicos solían hacer ayudaba al corazón a bombear con fuerza: pelaban la baya roja del espino blanco y dejaban caer la plumosa semilla por la espalda de su víctima, que se moría de las cosquillas.

A menudo cultivado como un arbusto de seto, las hojas de espino blanco se pueden comer durante su crecimiento primaveral, cuando su sabor es similar al de la nuez. Los pétalos de las flores son dulces y saben a almendra, pero no se deben comer las semillas, ya que contienen amigdalina, cianuro con azúcar. En el intestino delgado, esta se convierte en cianuro de hidrógeno y puede provocar un envenenamiento que puede ser mortal. En cambio, las hojas, flores y bayas son ingredientes comunes en tés de hierbas, mermeladas, vino y licores.

Se dice que el espino blanco ofrece una gran protección contra los rayos, y su madera es tan resistente que se usó para artículos como bloques de imprenta y palos de mayo. Las guirnaldas de flores se colgaban de los palos para la danza de mayo y fuera de las casas para alejar a los espíritus malignos y celebrar la llegada de una nueva estación, una nueva vida y la fertilidad. Sin embargo, se desaconsejaba entrar la flor dentro de casa, una superstición probablemente relacionada con el «perfume» natural de trietilamina liberado por las flores en descomposición, que resulta ser el mismo olor químico que el emitido por los cadáveres. Para empeorar esta imagen macabra, las flores son fertilizadas principalmente por insectos carroñeros, que disfrutan de la carne podrida.

ESPINO BLANCO • PECHO

AJO

Allium sativum

OTRO NOMBRE COMÚN
ajo blanco

S I ALGUNA PLANTA puede reclamar el título de «sanadora inte-gral», el ajo es un candidato destacado. Con numerosos estudios que abogan por propiedades que incluyen más de treinta compuestos medicinales (muchos de ellos beneficiosos para el corazón), se hace difícil encontrar algo negativo que decir sobre este versátil bulbo.

Aunque probablemente sea originaria de Asia, esta planta es popular en muchas otras partes del mundo y sus propiedades medicinales se han valorado tanto a lo largo de los siglos que se han encontrado figuritas de arcilla en forma de ajo en las tumbas de los antiguos egipcios. A los esclavos que trabajaban en las pirámides a veces se les pagaba en bulbos, que se percibían como un «superalimento» que daba fuerza. También por esta razón, los soldados romanos se alimentaban con ajo durante su preparación para la guerra. En los conflictos del siglo xx, los médicos británicos lo adoptaron como antiséptico para curar heridas cuando los fármacos se agotaron en la batalla.

Además de ser un afrodisíaco, los antiguos griegos y los médicos indios también lo usaron para tratar dolencias: desde mareos o mordeduras de serpientes y falta de apetito hasta enfermedades de la piel, reumatismo y tos, y unas cuantas enfermedades más. En tiempos de peste, así como durante la gripe española de 1918, la gente se ponía collares de ajo para protegerse.

Se ha demostrado que el ajo mejora la circulación de la sangre, ayuda a reducir las enfermedades arteriales y el colesterol, a mejorar los trastornos circulatorios relacionados con la hipertensión y los niveles bajos de azúcar en la sangre, y a aumentar la potencia de los antibióticos y antiinflamatorios. En su forma natural, se puede comer crudo, pero, para maximizar el beneficio del compuesto de superalimento alicina, hay que triturar y dejar reposar diez minutos un diente de ajo antes de ingerirlo.

A pesar de sus beneficios para la salud y de que se haya cultivado en todo el mundo durante más de seis mil años, el ajo continúa dividiendo a la gente, y muchos sin duda simpatizan con la antigua etiqueta de «rosa apestosa» que le pusieron en algunos lugares.

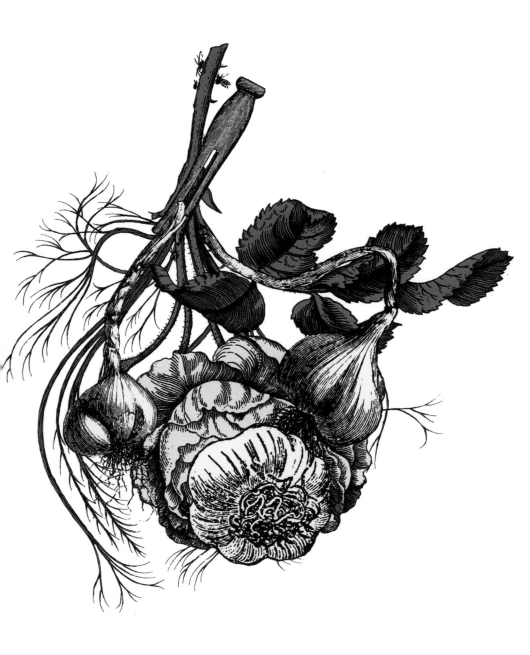

AJO • PECHO

PULMONARIA

Pulmonaria officinalis

OTRO NOMBRE COMÚN
hierba de pulmón

L A DOCTRINA DE LAS SIGNATURAS afirmaba que las plantas que se asemejaban a partes específicas del cuerpo humano habían sido creadas para tratar dolencias relacionadas con esas mismas partes. Por eso, las manchas blancas en las hojas oscuras de esta planta suscitaron pocas dudas entre los médicos de la era cristiana primitiva: la enfermedad de los pulmones.

Afortunadamente, a los pacientes a los que se les prescribió pulmonaria les fue mejor que a la mayoría de los enfermos que adoptaron este sistema pseudocientífico tan peligroso: las hojas peludas de la pulmonaria contienen ácido silícico, que ayuda a restaurar la elasticidad de los pulmones y a reducir mucosidades del pecho y la garganta.

Los extractos secos de la planta siguen siendo populares en forma de tés, y es un componente común (a veces utilizado en combinación con tusilago: véase la p. 42) en muchos medicamentos para la tos y en los tratamientos para afecciones pulmonares más amplias, como la bronquitis crónica y el asma.

Originaria de Europa y el Cáucaso, la pulmonaria crece en condiciones húmedas y sombreadas y produce flores estacionales azules o rojas. Sus hojas tienden a ser cosechadas a fines de la primavera, y sus manchas blancas han desencadenado varios mitos que van más allá de las asociaciones médicas, incluidas las afirmaciones de que fueron formadas por la leche materna de la Virgen María o incluso por sus lágrimas. Algunos de sus nombres comunes en otros idiomas hacen referencia al color azul luminiscente de las flores.

El influyente herbolario del siglo XVII Nicholas Culpeper se refirió erróneamente a la pulmonaria como «liquen pulmonaria» (*Lobaria pulmonaria*) en algunas recetas que han sido copiadas por sucesivas generaciones de herbolarios y farmacéuticos. Por suerte, esta sustitución de componentes no ha supuesto un riesgo para la salud, ya que también se cree que el liquen proporciona beneficios para las afecciones bronquiales.

PULMONARIA • PECHO

EQUINÁCEA

Echinacea purpurea

LOS RECOLECTORES han cosechado tanto esta planta originaria de las soleadas praderas centrales de Estados Unidos que hasta han hecho peligrar su supervivencia en estado silvestre. Sin embargo, las distintivas cabezas florales y los pronunciados centros puntiagudos de la equinácea han sido un salvavidas, pues se han convertido en una de las plantas favoritas de los jardines domésticos.

Los indios americanos llevan cientos de años utilizando esta perenne, que crece hasta 1 m (39 in) de altura, como cura para varias dolencias, desde infecciones respiratorias hasta mordeduras de serpientes.

Las flores y las estrechas hojas verdes de tres variedades (*E. angustifolia*, *E. purpurea* y *E. pallida*) se cosechan por su valor medicinal en verano, antes de que el cono de la flor esté completamente formado. En cambio, se requiere un poco de paciencia para las raíces, más valoradas, que se desentierran pasados cuatro años.

Los estudios clínicos han demostrado que la equinácea aumenta el número de glóbulos blancos y mejora la resistencia del cuerpo a infecciones como los resfriados y la gripe. Las tinturas elaboradas con la raíz de la planta se usan para aliviar infecciones graves, mientras que la decocción de la raíz se puede emplear como enjuague para tratar infecciones y dolor de garganta. El jugo de la flor a veces se prescribe para heridas menores, quemaduras, forúnculos e infecciones de la piel.

En las últimas décadas, los estudios científicos han confirmado la eficacia de muchos de estos usos tradicionales, mientras que la función inmune de la equinácea sigue siendo objeto de estudios adicionales.

El nombre del género *Echinacea* proviene de la palabra griega *ekhinos*, que se traduce como «erizo de mar» o «erizo», en referencia a la forma en que el cono dorado central de la planta se vuelve cada vez más espinoso a medida que la flor madura.

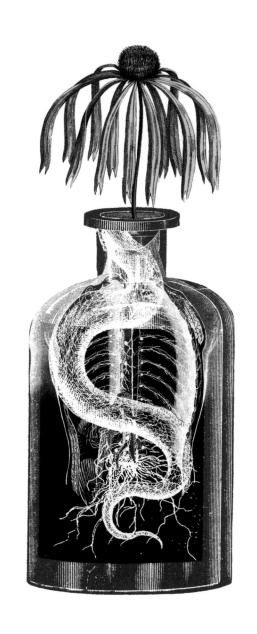

EQUINÁCEA • PECHO

MARRUBIO

Marrubium vulgare

OTROS NOMBRES COMUNES
marrubio blanco, marrubio de monte

ESTA SUAVE PLANTA perenne se ha utilizado durante mucho tiempo para calmar dolencias del pecho, y es probable que los caramelos o el jarabe para la tos de tu botiquín contengan extractos de la planta.

Vista de cerca es de color plateado y las hojas arrugadas, peludas y parecidas a las de la ortiga dispensan un aroma no muy diferente al del tomillo mohoso y agregan otra característica distintiva.

Tradicionalmente utilizado en infusión como expectorante para ablandar mucosidades, el marrubio se tomaba también de otras imaginativas maneras para fines similares: los georgianos, por ejemplo, lo mezclaban con el rapé, aunque las pastillas y los caramelos eran más populares para mitigar problemas respiratorios como la tos, el asma, la tuberculosis, la bronquitis y la hinchazón de la garganta y las fosas nasales.

Se han demostrado sus propiedades vasodilatadoras; de hecho, se solían administrar extractos de la planta a las parturientas para ayudar a expulsar la placenta y también servían para aliviar los ciclos menstruales dolorosos. Los elementos antibacterianos probados de la planta han propiciado su empleo como antídoto contra los venenos transmitidos por picaduras, infecciones por mordeduras de perros y úlceras.

El marrubio contiene algunos elementos venenosos propios y puede usarse como matamoscas y para combatir enfermedades de las plantas como el gusano cancro, lo cual sugiere que no es prudente consumirlo en grandes cantidades.

MARRUBIO · PECHO

ESCOBÓN

Cytisus scoparius

OTROS NOMBRES COMUNES
escoba amarilla, escoba negra, hiniesta, piorno,
retama de escobas, retama negra

N O VAYAS A TOMARTE a risa este humilde arbusto: se cree que sus poderes limpiadores van mucho más allá de los que comúnmente asociarías con su nombre.

Las ramas largas, delgadas, fuertes y flexibles de esta planta originaria de Europa se han utilizado para la limpieza doméstica durante siglos, pero el hecho de que sus copas florales pueden actuar como corrector rítmico del corazón tiene mucho más valor.

Muchos herbolarios creen que las flores amarillas de la planta se pueden usar para ayudar a disminuir y regular los latidos del corazón al tiempo que combaten la mala circulación, la hipotensión y la retención de líquidos. Esta afirmación relativamente moderna viene a sumarse a su uso prolongado como diurético y purgante, una práctica que se remonta al siglo XIII.

Vale la pena señalar que la investigación científica sobre el valor medicinal del escobón sigue siendo limitada, y que la potencia tóxica de las flores puede ser muy variable. Está claro que beber extractos de esta planta caducifolia como remedio no es un paso que deba tomarse a la ligera o sin asesoramiento profesional.

¿Mensajes confusos? Por supuesto, pero estaríamos rompiendo con la tradición si ofreciéramos respuestas definitivas en relación con el escobón: mientras los reyes normandos del siglo XII celebraban la tenacidad de sus raíces y tenían a la planta como símbolo de noble humildad, la gente de otras partes de Europa vivía con miedo de usarla en el momento equivocado del año: en ciertas partes de Sussex y Suffolk, en Inglaterra, por ejemplo, se creía que usar el escobón en mayo podía provocar que el cabeza de familia fuera «barrido».

ESCOBÓN • PECHO

LOBELIA

Lobelia inflata

OTRO NOMBRE COMÚN
tabaco indio

ESTA IMPRESIONANTE HIERBA con potentes cápsulas de semillas y hojas de tallo fue venerada por los indios americanos, que creían que el semidiós Wenebojo se la había regalado tras robársela a un gigante de la montaña.

Considerado como portador de cosas buenas, Wenebojo habría estado a la altura de su reputación con esta anual de fácil crecimiento: la planta contiene lobelina química, que estimula el sistema respiratorio. Los herbolarios modernos continúan recurriendo a los poderes de la lobelia para tratar trastornos como el asma, la neumonía, la tos ferina, la pleuresía y la bronquitis, y no es raro verla mezclada con chiles para dar masajes en el pecho y los senos paranasales (el chile aumenta el flujo sanguíneo a las áreas problemáticas relajadas por la lobelia).

Los masajes con lobelia funcionan bien porque la lobelina se absorbe más rápido cuando se aplica externamente; de hecho, los indios americanos solían preparar cataplasmas con las raíces trituradas de la planta para tratar dolores y molestias generales. También frotaban hojas de lobelia en llagas, erupciones y articulaciones rígidas, y humeaban extractos de la planta para mejorar la respiración, cosa que le valió el nombre de tabaco indio.

En reconocimiento de la sapiencia herbal de los indios americanos, la lobelia ahora se prescribe a personas que intentan abandonar el hábito del tabaco; su efecto en los receptores químicos del cerebro es similar al que produce la nicotina, pero sin los complementos más dañinos y adictivos.

Un nombre menos atractivo de la lobelia es *puke weed* («hierba del vómito»), que hace referencia a su uso histórico como purgante «curalotodo» que podía inducir vómitos, diarrea y sudoración. Por esta razón, es mejor no ingerir la planta sin el consejo de un herbolario competente.

LOBELIA • PECHO

MUÉRDAGO

Viscum album

OTROS NOMBRES COMUNES
liga, visco

L A PRESENCIA DE MUÉRDAGO colgado en casa puede dar lugar a situaciones sociales comprometidas en Navidades, puesto que la tradición sostiene que un hombre puede besar a cualquier mujer que se halle debajo de un ramo de muérdago, y viceversa, pero seguro que el estrés que pueda generar no responde al verdadero valor herbal de esta planta parasitaria.

Se encuentra en Europa, América, África del Norte y el Himalaya, y crece en las ramas de diversos árboles (incluyendo robles, espinos blancos, tilos, álamos y manzanos). La cultura celta lo consideraba un curalotodo, y tiene una larga historia como medicina poderosa y mágica, buena para el corazón.

Si se toma como remedio, es esencial hacerlo bajo supervisión y preparado por un herbolario cualificado, ya que el muérdago es una planta potencialmente venenosa. Las ramitas de hojas secas de muérdago se utilizan como antiinflamatorio para disminuir la presión arterial, aliviar los problemas circulatorios causados por la tensión cardiovascular, mejorar los niveles de azúcar en la sangre y limpiar las vías del óxido nítrico para reducir la contracción de las arterias y el riesgo de accidentes cerebrovasculares y otras afecciones cardíacas peligrosas.

Las hojas y las bayas también son útiles en el tratamiento de trastornos nerviosos como la ansiedad, la depresión y el insomnio, así como en una amplia variedad de problemas respiratorios y de la piel.

Se cree que la tradición de besarse bajo el muérdago comenzó en el siglo XVIII entre los sirvientes de Gran Bretaña, antes de popularizarse entre sus empleadores. Probablemente estaba relacionada con antiguas costumbres sobre la fertilidad, asociadas con la capacidad de la planta para prosperar y crecer en cualquier huésped, una característica que llevó a los druidas a creer que el muérdago tenía el poder de restaurar la fertilidad en los humanos y el ganado.

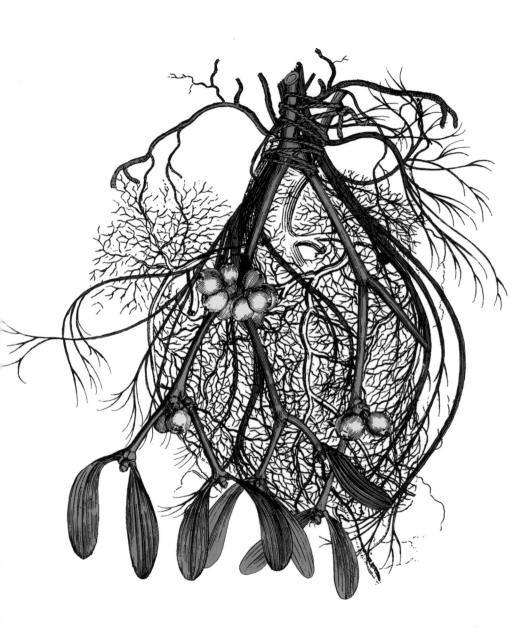

MUÉRDAGO · PECHO

MALVAVISCO

Althaea officinalis

OTROS NOMBRES COMUNES
altea, bismalva, hierba cañamera

ESTA PLANTA ALTA, que gusta de terrenos húmedos y abiertos y presenta tallos suaves y aterciopelados, posee una clara ventaja sobre muchas de sus semejantes: sabe mucho mejor y, además, los antiguos la bebían por sus poderes curativos.

Existen informes acerca del uso de esta planta originaria de Europa, África del Norte y Oriente Medio ya en el año 270 a. C. como ingrediente en vinos dulces. Estos se tomaban como remedio para la tos en la Antigua Grecia. También se sabe que se utilizaba en medicinas árabes e indias.

Los egipcios, los sirios y los romanos consumían gran cantidad de malvavisco por su buen sabor y sus poderes curativos, mientras que sus hojas y raíces hoy siguen siendo populares por sus cualidades demulcentes que pueden aliviar la tos seca, el catarro, el asma, la pleuresía y el dolor de garganta. A los bebés se les daban las raíces peladas (ricas en vitaminas) durante la dentición como palitos para masticar, y las infusiones de su raíz se empleaban para enjuagues bucales destinados a aliviar la inflamación.

El nombre genérico *Althaea* es un derivado del griego «curar», lo cual no es sorprendente, dado que también se ha prescrito para trastornos estomacales (exceso de ácido, ulceración péptica y gastritis) y como laxante suave para casos de colitis, diverticulitis y síndrome del intestino irritable. Es posible que las flores, que se cosechan en verano, se utilizaran para calmar la piel inflamada.

Además de sus propiedades curativas, los extractos de malvavisco se añadían en los cosméticos, los tónicos para la piel y los tratamientos para el cabello, y en Oriente Medio continúan usándolo en las alfombras persas para preservar el color de los tintes vegetales.

Si nada de eso te impresiona, simplemente puedes disfrutar de un dulce azucarado inspirado en una planta perenne muy versátil.

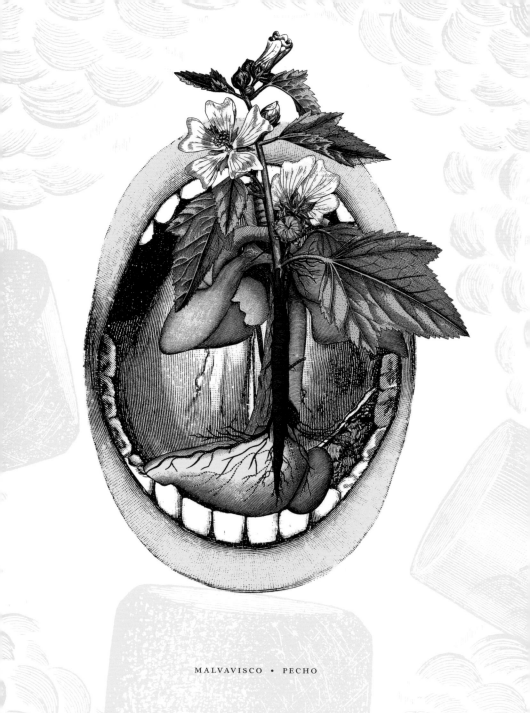

MALVAVISCO • PECHO

EUCALIPTO

Eucalyptus globulus

OTROS NOMBRES COMUNES
eucalipto azul, eucalipto blanco, nogalito blanco

Este árbol milenario lo han utilizado los aborígenes australianos por sus poderes curativos, pero también porque proporciona buena leña.

En el siglo XVII, los exploradores europeos se encontraron por primera vez con árboles de eucalipto, que pueden crecer hasta 60 m (200 ft) de altura. El marino holandés Abel Janszoon Tasman «descubrió» extraoficialmente el eucalipto durante un reconocimiento en diciembre de 1642. Hay una entrada descriptiva en su diario en la que se refiere a un árbol que secreta «goma». Varias décadas más tarde, el botánico y naturalista inglés sir Joseph Banks participó en el primer gran viaje del capitán James Cook a través de los océanos Atlántico y Pacífico (1768-1771), en el cual recolectó y registró miles de especímenes de plantas, y a él se le atribuye el descubrimiento «oficial» del eucalipto.

Los aborígenes australianos usan las secreciones aceitosas de este árbol prehistórico de hoja perenne como antiséptico, y se sabe que los médicos las emplearon en los transportes penales para curar las heridas de los prisioneros. En 1881, sir Joseph Lister, un pionero de la cirugía antiséptica, apoyó la tradición aborigen al defender el aceite esencial como desinfectante para el vendaje de heridas.

Los herbolarios modernos continúan usando eucalipto como antiséptico, pero principalmente lo eligen para tratar la tos, el dolor de garganta y los resfriados. A veces se aplica como masaje sinusal o bien sirve para hacer una infusión o tintura, y se ha convertido en un ingrediente tan común en los remedios para el resfriado que su olor está indeleblemente ligado para mucha gente a los recuerdos de la infancia, de los días de baja escolar en cama.

Se cree que el aumento continuo de la resistencia a los antibióticos podría hacer que plantas como el eucalipto se vuelvan cada vez más valiosas como medicinas efectivas. Como la planta se ha naturalizado en áreas templadas del mundo, la sostenibilidad no debería representar un problema. Además, se ha adaptado bien a los incendios forestales naturales: los eucaliptos son pirófitos, lo que significa que han evolucionado para depender de los incendios para regenerarse y esparcir sus semillas.

EUCALIPTO • PECHO

PELARGONIO

Pelargonium sidoides

OTRO NOMBRE COMÚN
geranio sudafricano

NO HAY QUE CONFUNDIRLO con el geranio común: esta especie más pequeña e inusual de *Pelargonium* es originaria de Sudáfrica, y ampliamente utilizada por los curanderos zulúes, basuto, josa y mfengi.

Las hojas suaves y grises de esta planta forman una roseta curiosamente perfumada y compacta alrededor de racimos de flores algo irregulares y delicadas, de cinco pétalos y de color rojo oscuro, que se mantienen altas en tallos delgados de 15-30 cm (6-12 in) de altura.

Además de emplearse tradicionalmente para tratar resfriados, fiebres e infecciones del tracto respiratorio (incluida la tuberculosis), también se administraba contra la disentería, la diarrea, las afecciones hepáticas y la fatiga. Se tiene constancia de que las raíces de la planta fueron utilizadas por un curandero tribal en 1897 para sanar a un inglés enfermo, el mayor Charles Stevens. Los médicos occidentales ya la conocían de mucho antes, pues fue recolectada por primera vez por los botánicos que formaron parte del segundo gran viaje de exploración del capitán James Cook, en 1772-1775.

Aún se están llevando a cabo diversos estudios científicos sobre la eficacia médica completa del pelargonio, aunque eso no ha impedido que su extracto aparezca en numerosos productos comerciales como tratamiento para la bronquitis y la faringitis. Se cree que ayuda al sistema inmunológico, y la planta también es popular como remedio herbal para infecciones respiratorias agudas como la bronquitis y dolencias menores como la sinusitis y el resfriado común.

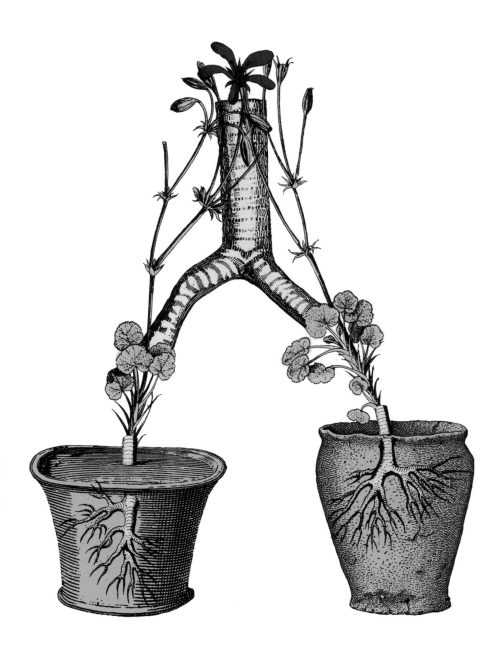

PELARGONIO · PECHO

CARDÍACA

Leonurus cardiaca

OTROS NOMBRES COMUNES
agripalma, cardiaca, corazón real, ortiga borde

H AY UN DICHO en el folclore inglés según el que que beber cardíaca es extender la vida hasta el punto de «asombro y dolor para
los herederos que esperan», un gran reclamo para una hierba que
crece al borde de la carretera.

Las propiedades regenerativas de esta herbácea perenne le han valido el título de «hierba de la vida», mientras que su nombre latino *cardiaca* hace referencia al hecho de que se ha utilizado desde la Antigüedad (en Grecia y
China) como tratamiento para problemas del corazón, como palpitaciones
y latidos acelerados, así como para fortalecer las funciones de este órgano al
favorecer la circulación sanguínea. Junto con estos beneficios cardiovascula-
res, la cardíaca cuenta con un largo historial como planta útil para las mujeres para regular los ciclos menstruales y aliviar las contracciones y reducir la
ansiedad en el parto.

Su nombre en inglés, *motherwort*, destaca las asociaciones más comunes
de la planta, la condición femenina y la maternidad, así como el tipo de palpitaciones del corazón provocadas por la histeria. El renombrado herbolario,
botánico y médico del siglo XVII Nicholas Culpeper estuvo de acuerdo con
este doble énfasis y escribió: «No hay mejor hierba para alejar los vapores
melancólicos del corazón, para fortalecerlo y hacer que la mente se alegre...,
y para calmar el vientre de las madres».

La investigación moderna está muy lejos de respaldar la fama de la cardíaca, pero sí que ha demostrado que posee propiedades antioxidantes que protegen las células del daño causado por unas moléculas potencialmente dañi-
nas conocidas como radicales libres.

Las partes de la planta que se cosechan son las que crecen sobre el suelo y
se utilizan principalmente como té o tintura por sus posibles beneficios. Con
distintivos racimos de flores rosadas bilabiadas en verano, la planta se encuentra en bosques y áreas de sombra parcial en sus originarias Asia Central
y Europa, así como en América del Norte, donde ahora está naturalizada
(y donde se clasifica como planta invasora).

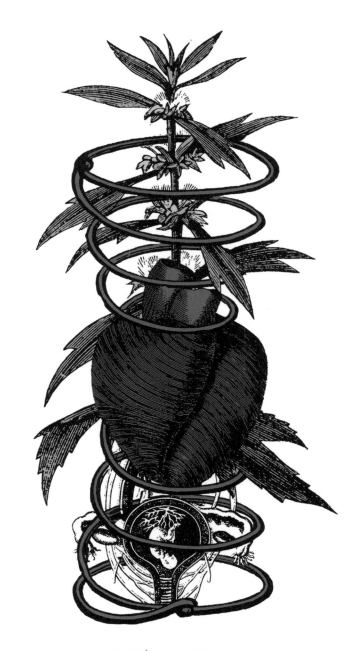

CARDÍACA · PECHO

SALVIA

Salvia officinalis

OTROS NOMBRES COMUNES
celima, hierba del mudo, madreselva, salima, salima fina

AUNQUE AHORA ES una de las favoritas en el pequeño huerto doméstico, resulta difícil imaginar que hubo un tiempo en que este pequeño arbusto se tenía en tan alta estima que aquellos que lo cosechaban se lavaban los pies con un baño ceremonial antes de caminar por el suelo en el que había estado plantado.

Mucho ha cambiado el mundo de la botánica desde la época romana: si bien la salvia ya no se venera como planta sagrada, sigue siendo tan valorada por los herbolarios modernos como lo fue por sus predecesores. Principalmente se utiliza como té antibacteriano para tratar la tos, resfriados y problemas respiratorios; como infusión para hacer gárgaras y aliviar el dolor de garganta, laringitis y amigdalitis, y como expectorante para expulsar la mucosidad y despejar las vías respiratorias.

Originaria del Mediterráneo, pero ahora cultivada en todo el mundo, esta planta de hoja perenne prospera con la luz del sol y en el suelo bien drenado, y sus hojas aterciopeladas (que se cosechan mejor en verano) emanan un agradable aroma.

Los antiguos griegos se bañaban en infusiones de salvia por sus propiedades curativas y su fragancia. Los médicos romanos creían que la salvia podía aumentar la capacidad mental, la memoria y la sabiduría, mientras que los científicos modernos continúan investigando la capacidad del arbusto para abordar problemas específicos asociados con el proceso de envejecimiento, incluida la pérdida de memoria y el alzhéimer. En algunos países, como Turquía, ya han encontrado una forma diferente de usar la salvia para mantener a raya un desafío más superficial, el del paso de los años: incorporarla en tintes para oscurecer y disimular el cabello canoso. Uno no puede negar la sabiduría que eso entraña.

SALVIA • PECHO

ABDOMEN

estómago, hígado, intestinos, riñones

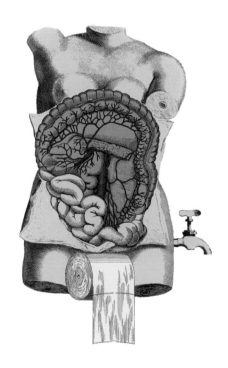

HINOJO

Foeniculum vulgare

OTROS NOMBRES COMUNES
abrojo, anisete, anís, cinojo, fenojo,
hierba de anís, hierba santa, mata la uva

EMPLEADO COMO DIGESTIVO desde la Antigüedad, los estudios modernos sugieren que este plumoso nativo del Mediterráneo y de Oriente Medio puede aliviar los espasmos intestinales y los calambres de manera comparable a una serie de conocidos productos comerciales.

El nombre griego para el hinojo es *marathon*, un reflejo de la creencia de que beber té de hinojo posee un efecto adelgazante.

Los botánicos del siglo XVII Nicholas Culpeper y William Coles registraron el hinojo como una ayuda dietética para hacer entrar en vereda a los tragaldabas. Se sugería que se bebiese una taza de infusión de semillas de hinojo antes de una comida pesada para quitar el apetito.

Esta planta perenne de poderoso aroma anisado puede alcanzar 1,5 m (5 ft) de altura y posee tallos fuertes y erguidos con hojas suaves parecidas a plumas y umbelas florales amarillas. Ahora se cultiva en todo el mundo y las semillas se recolectan en otoño y, al igual que los tallos y las hojas de la planta, son comestibles.

El uso principal de las semillas de hinojo es aliviar la hinchazón, calmar el dolor de estómago y actuar como diurético y antiinflamatorio. Se cree que también pueden ayudar a expulsar los cálculos renales y desempeñar un papel beneficioso en el tratamiento de la cistitis. Asimismo, los aceites esenciales y los tés de hinojo se recomiendan como antiespasmódicos, para aliviar gases y tos crónica, expulsar mucosidades y calmar el dolor muscular y reumático. Además, se afirma que el hinojo es capaz de mitigar el mal aliento y el olor corporal.

La infusión suave de hinojo a veces sirve como jarabe para los cólicos y los dolores de dentición tempranos de los bebés. También se utiliza para aumentar la producción de leche materna. Un consejo útil para los propietarios de establos y perreras es que planten hinojo, ya que repele las pulgas.

HINOJO • ABDOMEN

ANGÉLICA

Angelica archangelica

OTROS NOMBRES COMUNES
hierba de los ángeles, hierba del Espíritu Santo

DIFERENTES CULTURAS han considerado que esta planta es capaz de ofrecer desde una larga vida hasta las sensaciones que produce el tabaco, pero los herbolarios modernos tienden a usarla solo como calmante para los problemas estomacales.

La angélica posee propiedades antibacterianas y antifúngicas, y las raíces largas y carnosas de la planta se utilizan para elaborar tónicos digestivos y como base de licores concentrados para calmar las afecciones bronquiales, calmar los nervios (mariposas en el estómago) y estimular la circulación sanguínea en los fríos meses de invierno.

Los tallos de la planta tienden a aprovecharse más en los remedios para la indigestión y la flatulencia y, como cortesía de su olor aromático anisado, constituyen un aromatizante para frutas guisadas y confitadas. Sus hojas, que a veces se fuman como alternativa al tabaco en un intento por superar la adicción a la nicotina, también se pueden incluir en tés para aliviar el dolor de cabeza, y se dice que, si se trituran y se colocan en un vehículo, calman el estómago y evitan mareos.

Según una leyenda europea, un monje en la Edad Media fue visitado en un sueño por el arcángel Rafael, que le reveló que esta bienal de hoja grande podría proporcionar la cura para una plaga que asolaba el continente. Si el consejo valió la pena o no es cuestionable, pero en 1665-1666 la gente todavía masticaba hojas de angélica para protegerse de la Gran Plaga de Londres.

Si te gusta el vermut, la ginebra, el licor Bénédictine o el Chartreuse, brinda por la angélica la próxima vez que los tomes, ya que ambos incluyen su aroma.

ANGÉLICA • ABDOMEN

GENCIANA

Gentiana lutea

OTROS NOMBRES COMUNES
genciana amarilla

S E DICE QUE contiene la sustancia natural más amarga de la Tierra. Esta planta alta y hermosa sigue siendo popular entre los recolectores medicinales como un remedio para los problemas estomacales y, además, constituye un ingrediente clave de los aperitivos tradicionales.

Los herbolarios, desde Culpeper hasta nuestros días, suelen prescribir genciana como estimulante para el estómago y como tratamiento para los síntomas asociados con la digestión débil, incluyendo los gases, la indigestión y la falta de apetito. También se considera un estimulante de la vesícula biliar y el hígado, y se recomienda para los que sufren deficiencia de hierro o para las mujeres con sangrados menstruales abundantes.

Se trata de un ingrediente esencial de aperitivos como el vermut, bebidas que a menudo se sirven aproximadamente media hora antes de una comida como parte de una práctica que siempre ha sido algo más que un sutil hábito social: las bebidas a base de genciana estimulan los receptores de sabor amargo en la lengua, cosa que aumenta la producción de saliva y las secreciones gástricas, lo cual a su vez estimula el apetito y mejora la acción general del sistema digestivo, resultando en una mejor absorción de los nutrientes de los alimentos.

Esta planta perenne produce atractivas flores amarillas en forma de estrella y hojas ovaladas, y florece a grandes altitudes; es originaria de los Alpes y otras partes montañosas de Europa, desde España hasta los Balcanes.

Lleva el nombre de Gentius, el rey de Iliria del siglo II a. C. que supuestamente descubrió las virtudes de la planta y la administró en su ejército para curar la fiebre de los soldados. La genciana solía cultivarse en jardines, una práctica que podría alentarse una vez más si queremos que la planta recupere un buen estado de conservación.

GENCIANA • ABDOMEN

GALANGA

Alpinia officinarum

OTRO NOMBRE COMÚN
galanga menor

AL IGUAL QUE MUCHAS plantas de la familia del jengibre, la galanga ofrece un remedio amable y reconfortante para los problemas de sistemas digestivos debilitados. Los médicos árabes la introdujeron en Europa en el siglo IX.

Puede que existan varias plantas que se conocen con el nombre de galanga, pero la *A. officinarum* es la más efectiva como remedio digestivo. Esta planta perenne, de hasta 2 m (7 ft) de altura, se identifica por sus llamativas espigas de flores blancas con rayas rojas.

Originaria de las praderas de China y el sudeste asiático, la galanga se veía con frecuencia en las antiguas rutas comerciales y la ruta de las especias; los antiguos curanderos la adquirían para tratar una amplia gama de dolencias, desde hipo, dispesia, dolor de estómago y vómitos hasta diarrea, artritis reumatoide, mareos y fiebre intermitente. También se afirmaba que poseía poderes como antiinflamatorio, expectorante y tónico nervioso.

De agradable aroma ligeramente especiado, las infusiones para aliviar las úlceras bucales y las encías doloridas siguen siendo populares, mientras que estudios recientes indican que la galanga ofrece propiedades antibacterianas útiles contra las infecciones de oído, nariz y garganta y contra los hongos. Sin embargo, las dosis más altas pueden causar irritaciones estomacales.

Otras investigaciones modernas han sugerido que el compuesto activo de la raíz de la planta, conocido como galangina, ejerce a la larga un papel positivo en el aumento de la fertilidad masculina y la muerte de las células cancerosas, particularmente en el colon.

La abadesa, curandera y mística medieval alemana santa Hildegarda de Bingen consideraba esta planta una «especia para la vida» otorgada por Dios para evitar toda mala salud. Ella escribió: «Y que cualquiera con dolor del corazón o un corazón débil tome una mezcla de galanga y vino; se encontrará mejor... Que la persona con fiebre pulverice galanga y lo beba con agua de manantial, y la fiebre ardiente desaparecerá... Que quien sufra de malos humores en la espalda o en el costado mezcle galanga con vino y lo beba... el dolor remitirá». Tal vez estuviera en lo cierto.

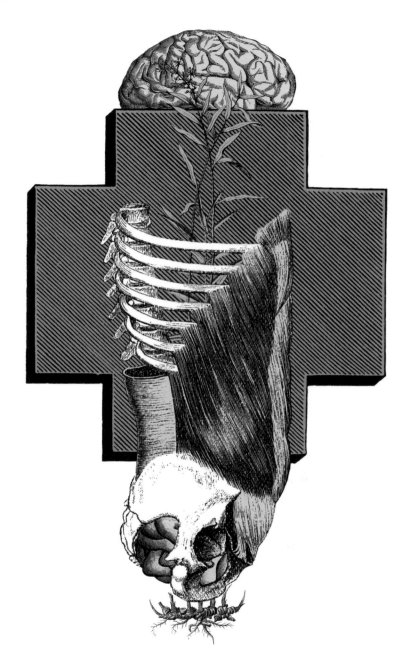

GALANGA • ABDOMEN

PITA

Agave americana

OTROS NOMBRES COMUNES
agave amarillo, maguey

MIENTRAS QUE LA PITA se cultiva en todo el mundo como suculenta ornamental, los herbolarios continúan valorando su savia como remedio para dolencias digestivas, incluidas infecciones y afecciones inflamatorias del estómago y los intestinos.

Extraída de sus hojas, la savia fue un ingrediente clave para los curanderos aztecas y mayas, ingrediente que llegaría a un público más amplio con la finalización del manuscrito *Badianus* en 1552 (el primer herbario ilustrado que enumera las plantas del Nuevo Mundo y sus cualidades medicinales).

Los curanderos nativos mezclaban la savia de pita con clara de huevo para crear pastas cicatrizantes o cataplasmas para heridas, pero también se usó como tratamiento para el estreñimiento, la icteria, la enfermedad hepática, la tuberculosis pulmonar y la sífilis. Ahora que se sabe que contiene isoflavonoides beneficiosos, alcaloides, cumarina y vitaminas, sigue siendo popular como demulcente y laxante, pero no debe usarse durante el embarazo ni en grandes dosis, ya que puede causar irritación digestiva e incluso daño hepático. El uso tópico de la savia puede provocar irritaciones en la piel, pero eso no ha impedido que, durante generaciones, los hombres remojaran las fibras de pita en agua durante un día antes de aplicarla en el cuero cabelludo con la esperanza de evitar la desaparición del pelo por el desagüe.

Originaria de los desiertos centroamericanos, con tallos de flores gigantes en forma de poste y rosetas de hojas afiladas, esta suculenta es venerada en México como símbolo de abundancia: proporciona alimento, medicina, forraje, papel, cordel, jabón, tintes e ingredientes vitales para bebidas alcohólicas como el tequila y el mezcal.

Una noción errónea sobre la planta es que florece solo una vez cada cien años, cuando en realidad florece cada ocho a diez años, y después muere.

PITA • ABDOMEN

ALCACHOFA

Cynara scolymus

OTROS NOMBRES COMUNES
alcachofera, alcacil, cardo alcachofero, morrilla

Esta perenne de aspecto majestuoso con grandes cabezas florales parecidas a los cardos ha caído en desgracia a lo largo de los siglos. Sin embargo, continúa ganándose el respeto de los herbolarios medicinales como bálsamo para el estómago y el hígado.

Las hojas de 90 cm (36 in) de largo y de sabor amargo de la alcachofa, con sus estrías en forma de espada y sus vientres suaves y blancos, son las partes preferidas por los curanderos como estimulantes para las secreciones digestivas como la bilis, y, por lo tanto, útiles para el tratamiento de problemas de vesícula biliar, náuseas, indigestión y distensión abdominal. Se dice que el jugo de hoja de alcachofa fresca mezclado con vino o agua es un tónico protector del hígado ante toxinas e infecciones, y la planta también se considera un diurético útil para los diabéticos al reducir significativamente los niveles de azúcar en la sangre y el colesterol.

Originaria de la región mediterránea y favorecida por los antiguos griegos y romanos por sus brotes verdes tempranos comestibles, la alcachofa puede crecer más de 1 m (39 in) y se cosecha a principios del verano. El médico griego Dioscórides creía que la alcachofa ostentaba el poder de endulzar las relaciones humanas, y recomendaba la aplicación de sus raíces trituradas en la axila, u otras partes del cuerpo, para suavizar los olores ofensivos. Cayó en desgracia en la Europa continental hasta que Catalina de Médici, la esposa del rey Enrique II de Francia, reintrodujo la planta en el siglo XVI. Se cultivaba comúnmente en jardines monásticos, aunque a las mujeres francesas se les prohibió comerla durante muchos años debido a su reputación como afrodisíaco.

ALCACHOFERA · ABDOMEN

CÁLAMO AROMÁTICO

Acorus calamus

OTROS NOMBRES COMUNES
ácoro dulce, ácoro verdadero, cálamo acuático

E N L A M E D I C I N A herbal occidental, este amante de los humeda-les, lagos y ríos se utiliza primordialmente para tratar problemas digestivos, aunque la apariencia distintiva y fálica de sus cabezas florales ha hecho que también sea empleado durante siglos como afrodisíaco.

Quienes la consumen a menudo mastican un trocito de la raíz para liberar algunos de sus jugos con el fin de aliviar la hinchazón del estómago, los gases y los cólicos o bien para mejorar una función digestiva deficiente. La pulpa no debe tragarse: se cree que en pequeñas cantidades reduce la acidez estomacal, pero que en dosis mayores aumenta la producción de ácido.

Originaria de Asia y América del Norte, esta planta parecida a una caña presenta hojas altas y un sistema de raíces rizomatoso y horizontal. Se ha utilizado como afrodisíaco durante más de dos mil años en la India y Egipto, y hay una tradición cantonesa que consiste en colocar durante el Año Nuevo chino las hojas en forma de espada cerca de la puerta con un par de pergaminos rojos debajo con la inscripción: «Cálamo aromático, como una espada, destruye mil influencias malignas».

Los taoístas creen que el cálamo aromático puede otorgar la inmortalidad, y los mongoles siempre lo han plantado cerca de fuentes de agua, ya que piensan que ayuda a proporcionar agua potable limpia a los caballos.

La planta crece hasta 1,5 m (5 ft) de altura y posee una fragancia picante como de limón que se utiliza en la fabricación de cerveza y para aromatizar ginebras, así como en perfumería. Sin embargo, debe emplearse con moderación, ya que el aroma domina fácilmente sobre las demás fragancias, lo cual probablemente explique por qué en la India masticar la raíz parecía útil para refrescar el aliento. En algunos países, como Estados Unidos, el uso de cálamo aromático está muy restringido, puesto que el rizoma seco y el aceite esencial se consideran potencialmente cancerígenos.

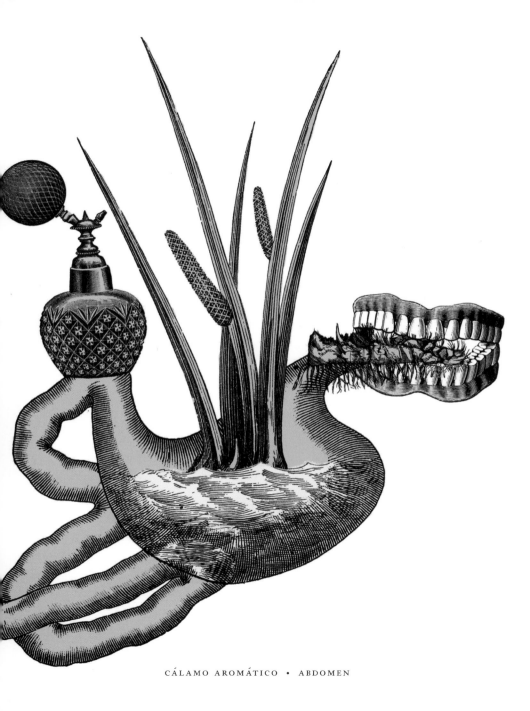

CÁLAMO AROMÁTICO • ABDOMEN

REINA DE LOS PRADOS

Filipendula ulmaria

OTROS NOMBRES COMUNES
altarcina, filipéndula, ulmaria

Esta amante de lugares húmedos puede ser la respuesta a esas desagradables molestias de indigestión y reflujo gástrico tan presentes en la vida moderna.

La reina de los prados desempeñó un papel importante en el desarrollo de la aspirina: el farmacéutico suizo Johann Pagenstecher descubrió en la década de 1830 que la savia de su tallo podía sintetizarse para crear un extracto analgésico, que resultó ser el mismo que el identificado por el científico italiano Raffaele Piria en la corteza del sauce (véase la p. 168). Posteriormente, unos científicos alemanes crearon la aspirina a partir de extractos del ácido salicílico natural del sauce.

A diferencia de la aspirina, que puede empeorar las afecciones gástricas preexistentes y causar úlceras, la reina de los prados contiene una mezcla de componentes que protegen el revestimiento del estómago y los intestinos.

La reina de los prados se identifica fácilmente por sus racimos en forma de nubes de flores esponjosas, blancas y con aroma a almendra. Las hojas y las flores pueden alcanzar una altura de 1,25 m (4 ft) y se cosechan en verano. En la época medieval, las flores fragantes se esparcían por los pasillos de las iglesias en las bodas y los festivales, ya que se consideraban un símbolo de amor, alegría y matrimonio feliz.

El dulce olor de esta planta también ha fomentado que se use como aromatizante para hidromiel y cerveza, así como revestimiento aromático para el suelo de casas de barro; se dice que la reina Isabel I esparcía flores de reina de los prados alrededor de su dormitorio por la misma razón sensorial.

Además de su capacidad para calmar un estómago con problemas, la reina de los prados también se toma comúnmente como remedio para problemas reumáticos y artríticos, lumbago y ciática, mientras que las cervezas elaboradas con sus elementos aéreos pueden aliviar dolores de cabeza, resfriados y ojos cansados.

Una opción genuinamente dulce para cualquier herbolario.

REINA DE LOS PRADOS • ABDOMEN

REGALIZ

Glycyrrhiza glabra

OTROS NOMBRES COMUNES
alcarzuz, agarradera, arrezú, orozuz, palo dulce, regalicia

EN EL SIGLO XIII unos monjes dominicos españoles se establecieron en Yorkshire, en Pontefract Friary, donde cultivaron una planta perenne resistente que se conocería localmente como raíz española. Habían puesto en marcha un proceso que resultaría en la creación del famoso dulce negro de regaliz.

No está claro si debe atribuirse a los monjes o a los caballeros cristianos cruzados del castillo vecino el mérito de haber traído a Gran Bretaña esta planta de hojas desplegadas parecidas a guisantes y florecillas azules. Lo que sí se sabe es que era originaria del sur y del este de Europa y del suroeste de Asia, y sus cualidades sanadoras se conocían desde hacía mucho tiempo. Los antiguos griegos prescribieron la planta para la hidropesía, el asma, los problemas del pecho y las úlceras bucales, y la llamaron *glycyrrhiza*, que significa «dulce» y «raíz». En el Antiguo Egipto, se prescribía para enfermedades de los pulmones, asma y tos seca.

Es un poderoso antiinflamatorio, y todavía se usa para tratar dolencias similares a las identificadas por los antiguos, incluida la enfermedad de Addison. Sin embargo, se considera más comúnmente como un remedio para los problemas digestivos: reduce las secreciones estomacales mientras produce un revestimiento grueso que combate dolencias como la gastritis, las úlceras pépticas, los problemas de ácido, el síndrome del intestino irritable, el intestino permeable y la enfermedad de Crohn. También se utiliza como laxante suave.

La investigación japonesa mostró que la glicirricina, que es uno de los compuestos clave de la planta, es eficaz para la hepatitis crónica y la cirrosis hepática, mientras que otros elementos que mejoran la salud, como las isoflavonas, pueden aliviar una serie de dolencias, desde inflamaciones oculares hasta abstinencia de nicotina y deterioro mental relacionado con la edad.

Un pedigrí médico dulce y extenso para una planta atractiva, cuyas raíces pueden descender hasta 1,25 m (4 ft) de profundidad y los tallos pueden alcanzar los cielos.

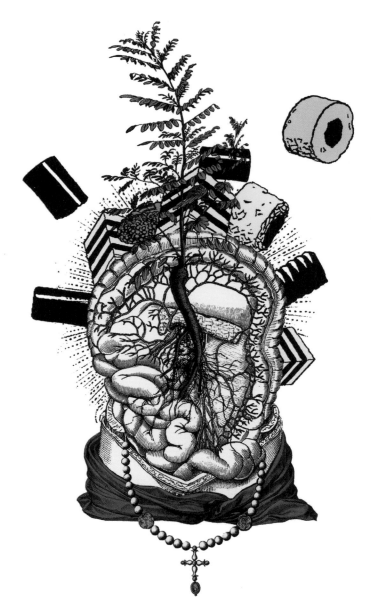

REGALIZ • ABDOMEN

AJENJO

Artemisia absinthium

OTROS NOMBRES COMUNES
absenta, absintio, ajenjo macho, ajenjo mayor, alosna, artemisia, asensio, chansana,
doncel, gazapote, hierba santa, huelemanos, incienso, jenzo, ortemisa, susones

Pregunta a cualquiera sobre el ajenjo y pocos irán más allá de su papel como ingrediente principal de la absenta, la bebida alcohólica alucinante asociada con «librepensadores» radicales como Charles Baudelaire, Arthur Rimbaud, Pablo Picasso, Vincent van Gogh, Marcel Proust y Ernest Hemingway. Pero hay más aspectos destacables de esta planta de olor almizclado.

Originaria de Europa y Asia Central, el médico griego Dioscórides y el romano Plinio el Viejo consideraban el ajenjo como un tónico estomacal apto para emperadores como Claudio y Nerón.

Principalmente ingeridos a través de tintura y tés, es mejor tomar los extractos de la planta en pequeñas dosis: los estudios científicos modernos demuestran que su sabor intenso y amargo desempeña un papel importante en su poder terapéutico general, ya que afecta al receptor del sabor amargo de la lengua y desencadena una acción refleja que estimula el estómago y otras secreciones digestivas. Tomado antes de las comidas, puede favorecer la digestión y mejorar la absorción de nutrientes, por lo que es útil para afecciones como la anemia, al tiempo que previene la acidez estomacal o la flatulencia.

Los ensayos clínicos para comprobar el efecto del ajenjo en la enfermedad de Crohn han producido algunos resultados altamente positivos. Los participantes en tales ensayos experimentaron niveles más bajos de depresión, lo que está en consonancia con el uso de aceites esenciales de la planta con fines terapéuticos.

Debido a que es un buen repelente de insectos, los racimos de ajenjo se cuelgan en gallineros para disuadir a las moscas, los piojos y las pulgas, y a menudo los herbolarios lo recomiendan como tratamiento para infecciones parasitarias del intestino, tanto en animales como en humanos.

Si lo anterior no ha bastado para que esta planta aromática de los márgenes de los senderos ablande tu corazón, has de saber que sus elementos aéreos son los que se considera que tienen un mayor beneficio medicinal.

AJENJO • ABDOMEN

JENGIBRE

Zingiber officinale

OTROS NOMBRES COMUNES
ajengibre, kion

ESTA PLANTA AROMÁTICA fue una de las especias más apreciadas y comercializadas durante la última etapa de la época medieval: 450 g (1 lb) de raíz de jengibre podía costar el equivalente a una oveja entera en la Inglaterra del siglo XIV.

Popular como especia y saborizante, el jengibre es también uno de los sanadores más conocidos del mundo. Se sabe que el venerado filósofo y político chino Confucio (551-479 a. C.) comía jengibre con cada comida para favorecer la digestión y aliviar flatulencias.

El jengibre es una planta perenne rizomatosa que necesita condiciones subtropicales para prosperar, y resulta muy beneficiosa para la mayoría de las afecciones estomacales, desde indigestión, náuseas y exceso de gases hasta hinchazón y calambres. Lo más impresionante es que logra su efecto ya sea tomándola como infusión, jugo, tintura, polvo o como raíz cruda.

Los ensayos clínicos indican que la actividad antiséptica de la planta la hace útil para las infecciones gastrointestinales, incluida la intoxicación alimentaria, y que también puede reducir las náuseas y los mareos cuando se viaja o cuando se sufren náuseas matutinas. Otros estudios modernos sugieren que el jengibre también puede ayudar a aliviar el dolor de los músculos cansados y doloridos, puede mejorar la absorción de hierro de las personas que sufren anemia y controlar las fiebres.

Teniendo en cuenta todos estos aspectos, seguramente ya ha quedado demostrado que este rizoma, de porte rastrero y sistema de tallos subterráneo, bien vale el precio de una oveja medieval.

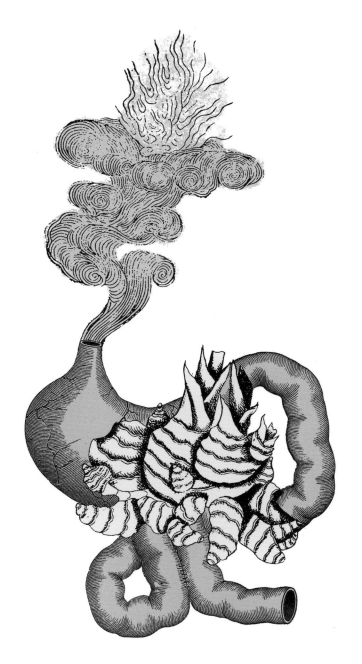

JENGIBRE • ABDOMEN

CARDO MARIANO

Silybum marianum

OTROS NOMBRES COMUNES
cardo borriquero, cardo lechal

LAS SEMILLAS DE ESTE cardo espinoso se han valorado durante miles de años como una cura para el hígado, y la investigación moderna subraya lo notable que resulta para proteger este órgano vital de diferentes venenos o sustancias tóxicas, desde alcohol hasta los cálculos biliares y hongos peligrosos, pasando por productos químicos tóxicos del trabajo; también sirve para las enfermedades de la piel.

Los herbolarios occidentales modernos usan las semillas para renovar y proteger las células hepáticas y tratar la mayoría de las afecciones que someten al hígado a una situación de estrés, incluidas las infecciones, el consumo excesivo de alcohol, la hepatitis y la ictericia. Varios ensayos clínicos han demostrado que el compuesto silimarina está presente en las semillas de la planta y que resulta eficaz para proteger la función hepática durante el tratamiento de quimioterapia.

Además de las semillas, las cabezas florales frescas o secas, en forma de disco, blancas o púrpuras, se pueden consumir como alimento tónico cuando se cosechan en plena floración. Generalmente se hierven y se toman como alcachofas, y hubo un tiempo en que se consideraron útiles como tónico primaveral después de los meses de invierno, cuando nuestros antepasados tendían a vivir privados de verduras.

Los primeros médicos vieron en la savia lechosa contenida en su interior un vínculo entre lo visual y lo práctico, y afirmaron que podría ayudar a aumentar la producción de leche materna. John Evelyn, el famoso diarista y jardinero inglés del siglo XVII, escribió sobre la fuerza de la planta como ayuda para las «enfermeras» que amamantaban a los bebés de otros: «Desarmado de sus espinas y hervido, es digno de estima, y se cree que es un gran criador de leche y una dieta adecuada para las mujeres que dan de mamar».

En el pensamiento médico arcaico, la salud del hígado estaba intrínsecamente vinculada con estados de depresión y melancolía. En la actualidad, cultivado como atractiva planta ornamental que puede crecer hasta 1,75 m (6 ft) de altura, el cardo mariano es ciertamente capaz de levantar el ánimo de la mayoría de los jardineros domésticos.

CARDO MARIANO • ABDOMEN

PELVIS

aparato urinario, sistema reproductivo

DIENTE DE LEÓN

Taraxacum officinale

OTROS NOMBRES COMUNES
achicoria amarga, amargón

Las hojas de este poderoso diurético y desintoxicante deberían ser un ingrediente básico en la mayoría de las ensaladas, ya que son ricas en vitaminas A, B, C y D y contienen más vitamina A que la zanahoria.

La investigación moderna ha demostrado que esta perenne, de la que se cuentan más de mil especies, puede ayudar a reducir la hipertensión al disminuir el volumen de líquido en el cuerpo. El diente de león también puede estimular el hígado y la vesícula biliar para eliminar los desechos del sistema y así minimizar el riesgo de infecciones internas, algo que bien podría explicar el origen de la vieja creencia de que comer diente de león hace mojar la cama.

La raíz de esta planta es un prebiótico que se toma para tratar el estreñimiento, los problemas de la piel, el eccema y las afecciones artríticas. Se usaba tradicionalmente en las primeras etapas de la diabetes de inicio tardío para estimular la insulina del páncreas y estabilizar los niveles de azúcar en la sangre, y los estudios modernos sugieren que podría desempeñar un papel en la lucha contra los tumores cancerosos.

El nombre diente de león se traduce del francés *dent de lion*, que alude a las hojas muy dentadas y parecidas a dientes, así como a las partes dentadas y amarillas de la flor. Tales referencias se repiten en los nombres comunes de la planta en otros idiomas.

El diente de león crece silvestre en la mayor parte de Europa y se cultiva en Francia y Alemania, donde las hojas se cosechan anualmente en primavera y las raíces se dejan durante dos años.

Según la cultura popular, al hacer volar las pequeñas y esponjosas cabezas de semillas de diente de león, se puede decir la hora, cuánto tiempo te queda de vida o si tu amante alberga reservas sobre vuestra relación. No obstante, puede resultar más útil como barómetro: cuando hace buen tiempo, la cabeza floral se extiende completamente y se abre hacia afuera, pero se cierra como un paraguas cuando se avecina lluvia.

DIENTE DE LEÓN • PELVIS

HOJA DE FRAMBUESO

Rubus idaeus

OTROS NOMBRES COMUNES
altimora, frambuesa, sangüesa, uvas de oso

Las hojas de color verde pálido del frambueso eran recomendadas por las parteras para acelerar el parto. Las propiedades químicas que darían credibilidad científica a esta afirmación siguen sin estar claras, pero se cree que las hojas actuarían para fortalecer los músculos longitudinales del útero, aumentando así la fuerza de las contracciones.

Se ha sugerido que la hoja del frambueso puede también reducir las náuseas matutinas. No obstante, a pesar de su reputación, siempre debe evitarse durante las primeras etapas del embarazo.

Originario de Europa, Asia y América del Norte, las hojas de este arbusto caducifolio se cosechan a principios del verano, antes de la maduración de la fruta en pleno verano, o a principios de otoño. Los recolectores deben tener cuidado, ya que las hojas crecen en unos tallos leñosos llenos de molestas espinas, y a los cultivadores también les molestan sus anárquicos estolones.

Según el folclore griego, los dioses se encontraban a menudo en el monte Ida recogiendo frambuesas, lo que a la planta le valió el nombre específico de *idaeus* en honor a esta montaña cercana a Troya, en la Turquía moderna.

En su herbario medicinal *Botanologia Universalis Hibernica* (publicado en 1735), el naturalista irlandés John K'Eogh recomendaba diferentes usos para la frambuesa: «Una aplicación de las flores machacadas con miel es beneficiosa para la inflamación de los ojos, la fiebre alta y los forúnculos; la fruta es buena para el corazón y las enfermedades de la boca».

Las hojas de la planta se siguen utilizando para hacer enjuagues para la conjuntivitis, enjuagues bucales y lociones para úlceras, heridas o flujo vaginal excesivo. Las bayas, que contienen polifenoles, son ricas en vitaminas y poseen propiedades antioxidantes y antiinflamatorias usadas por los herbolarios para reducir la inflamación articular, el daño de cartílagos, la resorción ósea y los trastornos gastrointestinales.

El aceite de semillas de frambuesa es rico en vitamina E, carotenos y ácidos grasos esenciales, por lo que es cada vez más popular como ingrediente natural en productos cosméticos para la piel.

HOJA DE FRAMBUESO • PELVIS

POLEO

Mentha pulegium

OTROS NOMBRES COMUNES
poleo menta, poleo negro

NO TE DEJES ENGAÑAR por los encantos aromáticos y mentolados de esta planta perenne con verticilos de flores lilas y tallos rastreros: varias generaciones de «mujeres sabias» han recurrido a sus poderes como estimulante para inducir abortos.

El médico griego Dioscórides, cuya enciclopedia de cinco volúmenes sobre hierbas medicinales constituyó toda una referencia durante quince siglos, afirmó que el poleo provocaba la menstruación y el parto. Escribió: «Al ser hervido y bebido, elimina la menstruación y expulsa al niño muerto y la placenta...».

Desde hace mucho tiempo se considera demasiado tóxico para emplearlo como abortivo, y por ello, obviamente, las mujeres embarazadas deben evitar esta especie originaria de Europa, Asia occidental y África del Norte.

A pesar de su mala reputación, algunos curanderos han tratado de encontrar aspectos positivos en el poleo, que preparado con agua destilada sirve para tratar espasmos, histeria, problemas nerviosos, diarrea, flatulencia y «afecciones de las articulaciones». En 1597, John Gerard escribió que «una guirnalda de poleo dispuesta alrededor de la cabeza es de gran ayuda contra los mareos, dolores de cabeza y vértigos».

Al igual que Gerard, los herbolarios modernos a veces prescriben el poleo como tratamiento para cefaleas, aunque es más habitual que se use de manera similar a la menta: como tónico para aumentar las secreciones digestivas y reducir los cólicos y la flatulencia. El té de poleo tiende a emplearse para calmar la garganta o como bálsamo para los síntomas generales del resfriado, y las infusiones pueden ofrecerse como tratamientos para la picazón y las afecciones reumáticas.

El nombre de la especie, *pulegium*, deriva de la palabra latina *pulex* («pulga»): históricamente, sus hojas pequeñas y ovaladas se frotaban en perros y gatos como repelente de pulgas; en la actualidad, siguen siendo populares como repelente natural de insectos, así como un tratamiento improvisado para picaduras de tábanos, mosquitos y avispas.

POLEO · PELVIS

VARA DE ORO

Solidago virgaurea

OTROS NOMBRES COMUNES
solidago, vara de San José

LOS HERBOLARIOS SIEMPRE han adoptado un enfoque flexible ante el uso de la vara de oro, que es antioxidante, diurético y astringente. El «mayor inventor de Estados Unidos», Thomas Edison, experimentó con éxito con esta planta en la década de 1920 en un intento por maximizar el contenido de caucho, comercialmente muy valioso, del interior de sus tallos.

Los indios americanos masticaban las hojas dentadas de la planta para aliviar los dolores de garganta o de muelas, y también se ha utilizado para tratar la tuberculosis, la diabetes, el asma, la artritis, el catarro nasal crónico y la diarrea. La constante a través de los siglos, sin embargo, ha seguido siendo su reputación como sanadora de dolencias urinarias.

El herbolario y médico del siglo XVII Nicholas Culpeper escribió sobre la vara de oro: «Es una hierba soberana para las heridas, inferior a ninguna otra, tanto para uso interno como externo. Es buena para mantener el flujo inmoderado de las mujeres, el flujo sanguinolento, las hernias, las úlceras de la boca o la garganta, y en lociones para lavar las partes privadas en los casos venéreos».

Los herbolarios modernos usan la planta para tratar infecciones del tracto urinario, nefritis y cistitis, y también se emplea para ayudar a eliminar los cálculos renales y vesicales y aliviar el dolor de espalda provocado por afecciones renales. Los altos niveles de saponina química orgánica de la vara de oro actúan específicamente contra el hongo Candida, que es la causa de la candidiasis vaginal y oral.

A esta resistente planta perenne le gustan los terrenos baldíos y las laderas, y sus espigas ramificadas de flores de color amarillo dorado (cosechadas en verano) a menudo son responsables de la neblina coloreada que se alza a los lados de las autopistas. Edison habría aprobado este enlace continuo con la red de carreteras, ya que disfrutaba conduciendo un automóvil Modelo T que le había regalado su amigo Henry Ford, uno con neumáticos hechos del látex de vara de oro con el que el propio Edison había experimentado originalmente.

VARA DE ORO • PELVIS

SAUZGATILLO

Vitex agnus-castus

OTROS NOMBRES COMUNES
agnocasto, sauce gatillo, zerobo

A FINALES DEL SIGLO V a. C., el médico griego Hipócrates escribió: «Si la sangre fluye del vientre, que la mujer beba vino oscuro en el que se hayan macerado hojas de sauzgatillo». Aproximadamente 2400 años después (en la primera parte del siglo XX), la reputación de Hipócrates como figura destacada en la historia de la medicina sería subrayada por un médico y científico alemán que también se había interesado por este árbol.

Gerhard Madaus se inspiró en el trabajo de los antiguos y desarrolló una nueva medicina a partir de las bayas secas de este arbusto grande y aromático, que se comercializó como Agnolyt; tuvo tanto éxito que sigue disponible desde entonces para el tratamiento de problemas comunes de reproducción femenina.

Investigaciones científicas recientes sugieren que las bayas del sauzgatillo inducen un efecto hormonal sutil dentro del cerebro que conduce a un aumento de los niveles de dopamina y melatonina, mejorando la regulación del ciclo menstrual y fomentando un mejor equilibrio de hormonas para abordar los problemas de la menopausia y elevar los niveles de fertilidad.

Ya sea en forma de pastillas o tintura, las bayas de este arbusto tipo budelia originario del Mediterráneo pueden aliviar los espasmos del dolor menstrual y el síndrome premenstrual y también reducir el acné y las migrañas. Asimismo, se recetan para el síndrome de ovario poliquístico, los fibromas y la endometriosis.

El sauzgatillo se ha asociado durante mucho tiempo con ritos sagrados de fertilidad y pureza: Homero lo menciona en la *Ilíada* como símbolo de castidad, mientras que los monjes cristianos masticaban las hojas y comían las bayas para reducir su libido. El nombre de la especie de la planta *agnus-castus* («cordero casto») explicaría por qué las vírgenes vestales de Roma llevaban ramitas del árbol como muestra de su pureza.

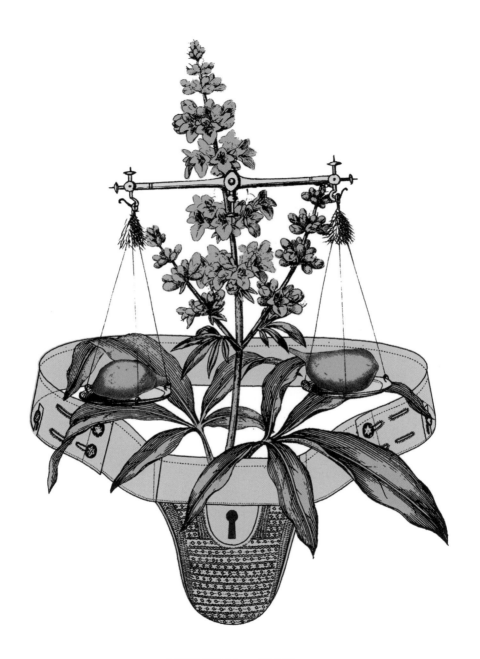

SAUZGATILLO · PELVIS

LAPA

Galium aparine

OTROS NOMBRES COMUNES
amor de hortelano, azotalenguas, cadillo, garduña, hierba pegajosa,
lárgalo, peganovios, presera, rébola

CONSIDERADA UN DIURÉTICO valioso, la lapa se acostumbra a beber como jugo fresco para tratar cálculos renales, cálculos en la vejiga y otras afecciones urinarias como la cistitis. Si vives en una zona templada, es posible que en este momento esté creciendo en tu jardín, ignorada por ti como si se tratara de una maleza.

Esta anual de flores blancas presenta tallos ramificados ligeramente pilosos y con espinas ganchudas que trepan sin manías sobre otras plantas para alcanzar su máximo potencial de alrededor de 1,75 m (6 ft). La lapa recibe este nombre por la forma en que se propaga, que implica que se aferra a la piel de un animal o a la ropa para dispersar sus semillas. Sus nombres comunes hacen referencia al hábito de la planta de enganchar y atrapar cosas.

Recetada a lo largo de los siglos como tónico diurético y linfático, el médico griego Dioscórides la consideró útil para contrarrestar el cansancio, y enseñó a los pastores a usar los tallos como tamices para colar la leche.

Se han encontrado semillas de lapa en asentamientos neolíticos, y se ha descubierto que la planta se recolectaba para alimentar al ganado, mientras que los extractos se usaban para cuajar la leche y hacer queso: de hecho, el nombre del género *Galium* deriva de la palabra griega para «leche», *gala*.

Los herbolarios, además de recomendarla para tratamientos urinarios, en ocasiones recetan partes trituradas de la planta como cataplasma para llagas y ampollas. Las hojas se pueden emplear para bañar la piel con el fin de tratar afecciones como la seborrea, el eccema, la psoriasis y las quemaduras solares, mientras que los tónicos obtenidos en forma de té se usan como enjuagues para el cabello con el objetivo de reducir la caspa y también para aliviar el insomnio o el estreñimiento.

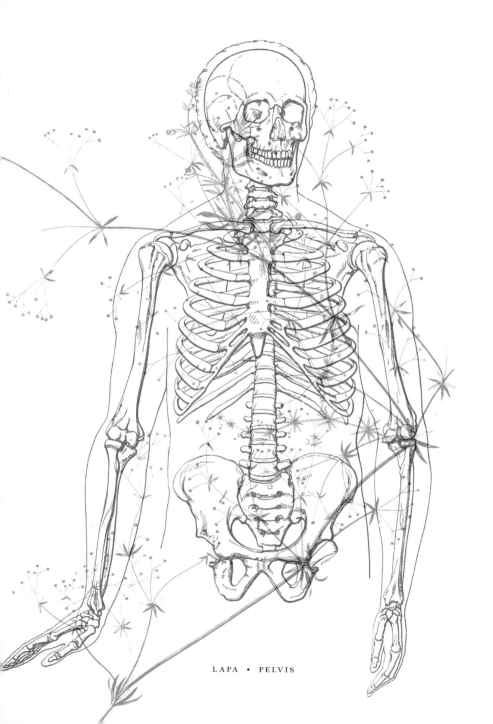

LAPA · PELVIS

FLOR DE ELFO

Epimedium grandiflorum

OTROS NOMBRES COMUNES
alas de hada, hierba de cabra en celo, sombrero de obispo

EL EVOCADOR NOMBRE de esta planta perenne, baja pero resistente, está vinculado a sus extrañas cabezas florales cuadradas y en forma de cuerno que aparecen en primavera y que desmienten la delicadeza de las hojas, que semejan alas, su fuente tradicional de poder.

El nombre chino de la planta es *yin yang huo* («planta de cabra licenciosa»), y durante siglos se ha recogido y utilizado en China como cura para la impotencia masculina y la libido baja.

Se afirma que dos compuestos químicos contenidos en la flor de elfo (icariina y fitoestrógenos) se aconsejan tanto para hombres como para mujeres de cierta edad: la icariina tiene fama de aumentar el flujo sanguíneo para mejorar la función sexual masculina y los fitoestrógenos actúan como la hormona femenina, el estrógeno, para aliviar diversos problemas de las mujeres posmenopáusicas, desde bajo deseo sexual hasta problemas articulares y óseos.

Los estudios han demostrado que la flor de elfo aumenta los niveles de adrenalina, noradrenalina, serotonina y dopamina en animales, y el incremento de los niveles de dopamina probablemente es responsable de provocar una reacción en cadena capaz de conducir a la liberación de testosterona, la hormona sexual masculina. Otros estudios modernos han sugerido que esta hierba puede aumentar la sensibilidad en las terminaciones nerviosas, lo que explicaría su popularidad como afrodisíaco, pero las investigaciones al respecto son reducidas.

En otra vertiente menos tentadora, la flor de elfo es conocida porque dilata los vasos sanguíneos y posee potencial como tratamiento para la enfermedad coronaria, el asma, la bronquitis, la sinusitis y los problemas renales, incluida la micción frecuente.

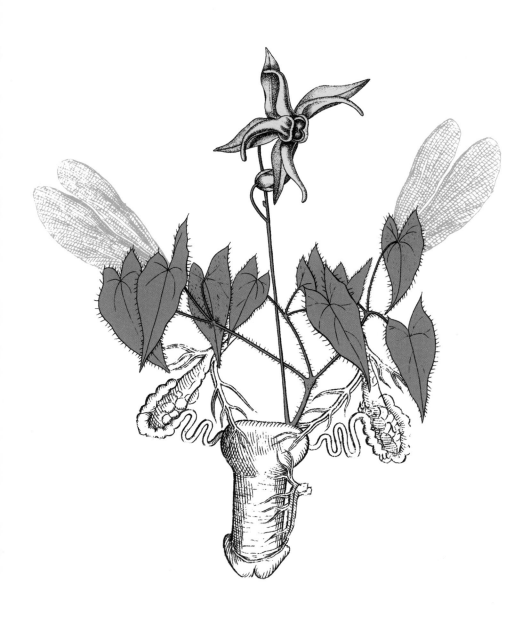

FLOR DE ELFO • PELVIS

ENEBRO COMÚN

Juniperus communis

OTROS NOMBRES COMUNES

ajarje, enebro real, gorbizo, sabina

ESTA PERENNE pequeña y de crecimiento lento desarrolla hojas aromáticas y puntiagudas; sus bayas azules crecen solo en plantas femeninas y se asocian tradicionalmente con la reproducción.

Los indios americanos usaban bayas de enebro común como anticonceptivo femenino, y el médico griego Dioscórides recomendó en su herbario *De Materia Medica* que las bayas fueran «trituradas y puestas en el pene o la vagina antes del coito, como anticonceptivo».

Conocida por estimular la menstruación y por aumentar el sangrado relacionado con la misma, esta planta se usó en la Inglaterra rural para inducir abortos y se le dio el título no oficial de «asesino bastardo». Es evidente que debe ser evitada por las mujeres embarazadas.

En la actualidad se receta como diurético con fuertes propiedades antisépticas; también se considera valiosa para tratar la cistitis, aliviar la retención de líquidos y mejorar la calidad de vida de quienes sufren artritis crónica.

Originaria de todo el hemisferio norte, crece ampliamente en páramos, laderas de montañas y bosques de coníferas.

Reconocida como aromatizante en la elaboración de la ginebra, las bayas de enebro común también se consumen en platos de carne y adobos. En una práctica que se remonta a los tiempos de los antiguos griegos, el aceite de extractos de la planta aún se usa para masajear los músculos doloridos de los atletas y aumentar su resistencia.

Existen sesenta especies de enebro común, aunque solo una variedad parece haberse utilizado con fines medicinales: *J. communis*. No podemos arrojar luz sobre si las peculiaridades de esta especie eran importantes para los que seguían la tradición de echar una ramita de enebro común al fuego para alejar a los espíritus malignos.

ENEBRO COMÚN • PELVIS

BOLA DE NIEVE

Viburnum opulus

ESTE ARBUSTO DE FLORES altas se usa sobre todo para aliviar los calambres, y especialmente los dolores de la menstruación causados por la contracción excesiva de los músculos. Sigue siendo muy valorado por los indios americanos por su capacidad para calmar los dolores musculares generales de todo el cuerpo.

Su significativo impacto no se limita a América: las naciones eslavas están, en particular, apegados a la bola de nieve, o *kalyna*, como se la conoce en todo el este de Europa. Símbolo nacional de Rusia, también aparece repetidamente en el folclore ucraniano y en general en la mitología pagana de la región, lo que incluye su papel principal en la historia del nacimiento del Universo y la «Trinidad de Fuego» (el sol, la luna y las estrellas).

Aunque se han llevado a cabo pocas investigaciones clínicas sobre el valor médico de la bola de nieve, sigue siendo popular entre los herbolarios y está reconocida desde 1960 por la Farmacopea de los Estados Unidos y el Formulario Nacional (USP-NF, en sus siglas en inglés) como remedio para las afecciones nerviosas y el asma.

Originario de Europa y de algunas partes de Asia, el arbusto crece en bosques, márgenes y matorrales, y disfruta de los suelos húmedos. Los jardineros lo ven como un «faro» estacional, ya que sus flores blancas florecen en primavera y sus brillantes racimos de bayas llegan en otoño.

Los europeos orientales dicen que las bayas de bola de nieve representan los linajes y la fuerza duradera de los lazos familiares, y son muy apreciadas por las diversas especies de aves que se dan festines con ellas.

Los herbolarios prefieren el uso tópico de la bola de nieve para tratamientos musculares, y la ingestión para el resto de las enfermedades, como la artritis, la circulación sanguínea, el dolor intestinal y uterino, los cólicos, los problemas respiratorios y, más recientemente, los cálculos renales.

BOLA DE NIEVE • PELVIS

TRÉBOL ROJO

Trifolium pratense

OTROS NOMBRES COMUNES
hierba de las cataratas, trébol de los prados, trébol violeta

EXTENSAMENTE CULTIVADAS por los agricultores como forraje para obtener heno y mejorar el suelo, también se cree que las cabezas florales de trébol rojo son aconsejables para diferentes afecciones relacionadas con los bajos niveles de estrógenos.

Esta planta perenne, amada por las abejas, presenta tallos peludos y erguidos, hojas ovaladas y flores púrpuras ovaladas. Originaria de Europa y Asia, se utilizó históricamente como tratamiento para el cáncer de mama: se aplicaba una decocción fuerte y concentrada sobre la zona donde se hallaba el tumor para alentarlo a «crecer hacia fuera» y abandonar el cuerpo. Por desgracia, la investigación moderna sobre la prevención y el tratamiento del cáncer de mama no ha descubierto ningún valor en tales usos tradicionales.

Al ser rico en compuestos de fitoestrógenos, incluidas las isoflavonas, que pueden ayudar a regular y aumentar la caída de los niveles de estrógeno y otras hormonas, tanto en mujeres como en hombres, el trébol rojo se asocia con el tratamiento de los síntomas de la menopausia, como los sofocos.

Se cree que los extractos de esta planta ejercen un efecto protector en el corazón y la circulación, al tiempo que contrarrestan la pérdida ósea y previenen la osteoporosis. Menos llamativo es su uso como expectorante, tratamiento de la tos y alivio de las afecciones de la piel.

Los tréboles eran vistos como una planta sagrada por los antiguos pueblos del norte, como los celtas, que creían que representaban la evolución continua y el renacimiento de la vida en todas sus formas naturales. La hierba sigue considerándose portadora de suerte, aunque poca gente conserva ya las expectativas que sus antepasados, especialmente cuando se trata de la necesidad de protegerse contra brujas y hadas pícaras.

TRÉBOL ROJO • PELVIS

ARÁNDANO ROJO

Vaccinium macrocarpon

OTROS NOMBRES COMUNES
arándano rojo grande, *cranberry*

PARA INDIOS AMERICANOS como los iroqueses, ojibwa, algonquinos y chippewa, este pequeño y delgado árbol de hoja perenne era una fuente de nutrición y limpieza dermatológica, al que llamaron «baya de grulla» por las grandes aves que acudían a alimentarse de él.

Reconocidas actualmente como remedio clásico para las infecciones del tracto urinario, las bayas de este arbusto se recomiendan tanto en las consultas de medicina general como en los herbolarios. Las bayas rojas y ovaladas poseen propiedades antibióticas y, como muestran los estudios científicos, son ricas en antioxidantes y vitamina C.

Entre los usos medicinales más populares del arándano rojo se encuentran el tratamiento del flujo urinario deficiente; la prevención de cálculos urinarios; la curación de próstatas agrandadas, infecciones de vejiga y riñón, cistitis y uretritis; y la limpieza de conductos urinarios infectados.

A pesar de los indiscutibles beneficios para la salud de este arbusto, sigue siendo más conocido internacionalmente porque con las bayas se elabora la salsa que acompaña las aves asadas en determinadas festividades, una tradición vinculada al folclore estadounidense y al primer Día de Acción de Gracias, en el que se afirma que los primeros peregrinos habrían usado arándanos triturados para endulzar su menú festivo. Los colonos habían aprendido a preparar los arándanos de los indios americanos, que usaban las mismas bayas como alimento, tinte y medicina mucho antes de compartir pan con los peregrinos.

El arándano rojo, una de las tres frutas cultivadas comercialmente nativas de Estados Unidos, prospera en suelos ácidos y terrenos pantanosos. El hábito tradicional sueco de beber las bayas sin azúcar como refresco agrio y ácido se ha popularizado en muchas partes del mundo, lo que explica que se cultive ampliamente donde las condiciones son adecuadas.

ARÁNDANO ROJO · PELVIS

VERBENA

Verbena officinalis

OTROS NOMBRES COMUNES
hierba de la cruz, hierba sagrada, verbena derecha,
verbena macho, verbena mayor

L A VERBENA ERA considerada una hierba sagrada en muchas culturas primitivas. Los antiguos egipcios creían que se originaba a partir de las lágrimas de Isis, la diosa de la fertilidad, mientras que los antiguos griegos, los romanos y los druidas la usaban durante las ceremonias de sacrificio.

Abundan las supersticiones sobre esta esbelta planta perenne, incluida la creencia cristiana de que se debe bendecir antes de recolectarla porque se usó para cerrar las heridas de Cristo tras su crucifixión. Muchos de sus nombres comunes, como hierba sagrada y hierba de la cruz, hacen referencia a esta creencia.

En la Edad Media, la gente llevaba verbena para atraer la buena suerte y se usaba en pociones de amor y afrodisíacos, así como en ungüentos para dispersar demonios. Los herreros usaron la planta en el proceso de endurecer el acero, y en algunos países europeos (como Holanda, Alemania, Dinamarca y Eslovaquia) todavía se conoce como hierba de hierro.

Culpeper dijo de la verbena: «Esta es una hierba de Venus, excelente para el útero, para fortalecer y remediar todas las penas frías del mismo». Su opinión es válida para muchos, particularmente en la medicina china, donde se prescribe para la tensión premenstrual y otras afecciones relacionadas con el ciclo menstrual, además de para favorecer las contracciones de los músculos del útero y aumentar la producción de leche materna.

Con tallos rígidos y espigas florales blancas, la verbena crece silvestre en Europa, América del Norte, África del Norte y del Este, China, Japón y Australia, y se cosecha justo antes de la floración estival. Los elementos aéreos se utilizan con fines medicinales contra migrañas, tensión nerviosa, ansiedad, depresión leve, absorción, ictericia, asma, gripe e insomnio.

Aunque es una planta de claro valor, debe tenerse en cuenta que los niveles contenidos en ella del compuesto químico verbenalina, de sabor amargo, pueden causar vómitos si se consumen en dosis altas.

VERBENA • PELVIS

BARBA DE MAÍZ

Zea mays

OTROS NOMBRES COMUNES
barba de choclo, jilote, pelo de elote

ESTA PLANTA SE valora como tratamiento para una amplia gama de dolencias. Los aztecas bebían té de barba de maíz para combatir la disentería y aumentar la producción de leche materna, pero hoy día es más habitual que los herbolarios modernos la receten como tratamiento para afecciones urinarias.

Al ser un demulcente y diurético, la barba de maíz (cuyo nombre científico es *Stigma maydis*) puede aliviar la cistitis aguda, trastornos de la próstata e irritaciones de la vejiga. Se puede consumir fresca, pero a menudo se seca antes de tomarse como píldora o té: los extractos secos se pueden agregar al agua caliente y beber hasta cinco veces al día.

La barba de maíz, originaria de los Andes y las Américas, se ha cultivado en América Central y del Sur durante más de 4000 años como alimento barato, apreciado al mismo tiempo por la medicina tradicional nativa americana, maya, inca y china.

Las barbas de maíz son las frondas finas y filiformes que envuelven la mazorca y surgen de la inflorescencia de la planta que en la actualidad conocemos como maíz (*Zea mays*). Alcanza hasta 3 m (10 ft) de altura; sus flores en forma de penacho son masculinas, pero son las flores femeninas –menos impresionantes visualmente– las que producen las mazorcas más útiles.

Los médicos chinos todavía recetan barba de maíz en una bebida con el fin de tratar la retención de líquidos y la ictericia, y en algunas culturas se usa para tratar enfermedades cardíacas, malaria, cálculos renales, hinchazones, llagas y forúnculos. Se sabe que contiene altos niveles de carotenoides, que protegen el ojo del daño oxidativo y la degeneración macular relacionada con la edad. Está claro que los adeptos a este humilde sanador pueden disfrutar de beneficios que superarán con creces sus expectativas.

BARBA DE MAÍZ • PELVIS

ALHOLVA

Trigonella foenum-graecum

OTROS NOMBRES COMUNES
cenogreco, fenogreco, fenugreco

LOS TEXTOS MEDICINALES del Antiguo Egipto, conocidos como *Papiro Ebers* (1550 a. C.), mencionan la capacidad de las semillas de alholva para inducir el parto. Se han seguido prescribiendo para todo tipo de problemas ginecológicos y de parto desde entonces y, por lo tanto, es un componente básico de los botiquines en la mayor parte del mundo.

Esta anual aromática con flores parecidas a las de los guisantes y vainas en forma de hoz crece bien en terrenos baldíos. Originaria de Asia, ahora se cultiva comercialmente, en particular en la India y África, donde se considera una hierba que «lo cura todo».

Las hojas frescas y trifoliadas de alholva a menudo se consumen en curry y té, pero la parte de la planta más apreciada por su valor medicinal son las semillas (que se cosechan en otoño). Comúnmente utilizadas para tratar dolores menstruales, síndrome de ovario poliquístico, infecciones del útero e inflamación de la vagina, las semillas también se prescriben para ayudar a un bebé al que le cuesta llegar al mundo y como refuerzo para la leche materna.

Con muchas vitaminas, se afirma que esta versátil planta es tan buena como la quinina para bajar la fiebre, al tiempo que ostenta el poder de calmar la gastritis y las úlceras gástricas, reducir el colesterol, favorecer el aumento de peso entre los pacientes convalecientes y anoréxicos, y controlar la resistencia a la insulina y la diabetes de inicio tardío.

El nombre latino de alholva se traduce como «heno griego», en referencia a su uso como fortificador de forrajes para el ganado. Los bovinos no saben lo afortunados que son.

ALHOLVA · PELVIS

PEONÍA CHINA

Paeonia lactiflora

OTROS NOMBRES COMUNES
peonía híbrida, rosa de monte, rosa sin espinas

CULTIVADA EN TODO el noreste de China y Mongolia Interior, esta planta perenne es una de las hierbas que a veces aparecen en la popular «sopa de cuatro hierbas», un tónico chino para mujeres que se toma para diferentes problemas ginecológicos, desde calambres hasta mareos.

En concreto, las raíces de la peonía contienen compuestos de fitoestrógenos y productos químicos que equilibran las hormonas, capaces de aliviar los trastornos menstruales, como períodos abundantes o irregulares, y sangrado, dolores y calambres menstruales y problemas de fertilidad. A veces se prescribe con regaliz (véase la p. 92), y se ha demostrado que favorece la ovulación regular y reduce los niveles elevados de testosterona típicos de las mujeres con síndrome de ovario poliquístico.

Con propiedades antiespasmódicas y antiinflamatorias, la raíz de peonía ha funcionado bien en algunos ensayos clínicos como ayuda para la artritis reumatoide. El componente que se cree que es el principal responsable del éxito, la peoniflorina, también se considera útil para reducir la presión arterial, aumentar el flujo sanguíneo al corazón y disminuir el riesgo de coagulación.

Las afirmaciones populares de que esta planta aumenta las funciones mentales, como la conciencia espacial, no están respaldadas por la investigación, aunque un estudio reciente concluyó que la peoniflorina influye de manera beneficiosa sobre el intestino, lo cual a su vez tendría un efecto químico positivo sobre la ansiedad y la depresión.

Las raíces de la peonía blanca se cosechan al cabo de cuatro o cinco años y suelen comercializarse como cápsulas, polvos o tinturas. Elegida durante la Edad Media como protección contra el «mal de ojo», en la magia popular americana la planta se usaba para mantener a raya la desgracia o para romper la mala suerte.

Se considera un símbolo de prosperidad en el Japón moderno, donde se dice que las mujeres que comparten raíz de peonía de forma habitual se vuelven tan radiantes como sus flores.

PEONÍA CHINA · PELVIS

CIMICÍFUGA

Actaea racemosa, syn. *Cimicifuga racemosa*

OTROS NOMBRES COMUNES
bugane, hierba sonajero, raíz de serpiente de cascabel,
serpentaria negra

LOS CURANDEROS DE LOS INDIOS americanos han utilizado extractos de esta herbácea perenne durante siglos como bálsamo para los problemas menstruales y menopáusicos. Los estudios modernos los respaldan: muchos de los problemas asociados con tales afecciones están relacionados con los bajos niveles de estrógeno, y aunque la cimicífuga no contiene estrógeno, se dice que desencadena en el cerebro un proceso que hace que aumenten los niveles de esta sustancia química en el cuerpo.

Esta planta es alta, pues alcanza hasta 2,5 m (8 ft) de altura, y prefiere los lugares sombreados en bosques y setos en América del Norte. Los herbolarios usan sus raíces más que sus hojas lanceoladas y con olor a humedad o sus flores altas y cremosas.

Los colonos europeos en América y Canadá aprendieron de los nativos norteamericanos, y la planta apareció en la *Farmacopea de los Estados Unidos* con el nombre de «raíz de serpiente negra». Posteriormente se ha utilizado para tratar mordeduras de serpientes, pulmones inflamados y dolores de parto, así como problemas reumáticos e hipertensión.

Algunos estudios modernos han sugerido que los extractos de cimicífuga podrían retrasar el desarrollo de la osteoporosis y el cáncer de mama y ofrecer un potencial tratamiento del síndrome de ovario poliquístico. Pero estas investigaciones quedan lejos de ser concluyentes y siguen siendo polémicas: ha habido estudios alternativos que sugieren que la planta aceleraría el cáncer de mama y causaría daño hepático.

Tal vez sea prudente tomar el olor desagradable y el sabor amargo de la cimicífuga como advertencias y resistirse a recurrir a sus poderes sin antes seguir el consejo de un médico.

CIMICÍFUGA • PELVIS

ESQUELETO

huesos, músculos, piel

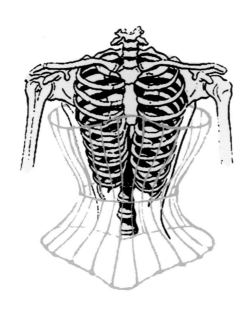

MILENRAMA

Achillea millefolium

OTROS NOMBRES COMUNES
flor de la pluma, perejil bravío

S E CONSIDERABA UNA PLANTA digna de guerreros: los antiguos soldados griegos y romanos llevaban la milenrama a la batalla, mientras que Aquiles la usó para detener el sangrado de las heridas de sus hombres (lo que le valió el nombre de *Achillea*).

Los estudios de laboratorio indican que la milenrama puede dilatar los vasos sanguíneos y detener el sangrado igual que los inhibidores convencionales de la enzima convertidora de angiotensina (ECA) cuando se recetan para la hipertensión. La planta también es utilizada por los herbolarios para regular los ciclos menstruales y el sangrado asociado, así como en una amplia gama de tratamientos adicionales que incluyen resfriados, gripe, digestión, cólicos, fiebre del heno, venas varicosas y fiebres.

Además de ser amiga de los soldados, la milenrama también se conoce como hierba de carpintero por razones similares: algunos artesanos, como los carpinteros, la empleaban para detener las hemorragias de los cortes que se hacían en el trabajo.

En el folclore, se decía que esta planta originaria del hemisferio norte prevenía (pero no revertía) la calvicie. Los druidas recurrían a ella para predecir el clima, mientras que las chicas jóvenes la usaban para dar con la pareja perfecta, creyendo que si hacían cosquillas en la nariz del pretendiente con un ramito de las florecitas blancas y la nariz le sangraba, su elección sería correcta. También podían colocar una hoja debajo de la almohada si necesitaban ayuda en su búsqueda del amor.

La milenrama se conoce como «médico de plantas» por una buena razón: cuando se encuentra cerca de otras plantas poco saludables, las secreciones de sus raíces ayudan a desencadenar una respuesta inmune entre sus vecinas enfermas. Por razones similares, es un gran acelerador en el compost, los fertilizantes y los fungicidas. Aunque no siempre resulta tan popular entre los jardineros, ya que a menudo echa raíces en el césped o en las grietas o resquicios de los caminos empredrados.

MILENRAMA • ESQUELETO

PAMPLINA

Stellaria media

OTROS NOMBRES COMUNES
álsine, capiquí, hierba gallinera, pajarera

ESTA FUENTE COMÚN de alimento barato para las aves también puede curar rasguños, erupciones, picaduras de insectos o irritación general de la piel. Desde quemaduras, pasando por forúnculos y abscesos, hasta eccema, la pamplina de tallo delgado cuenta con un impresionante repertorio médico.

Con sus características florecillas blancas en forma de estrella, la pamplina es una planta anual que se encuentra en la mayor parte del mundo. Es algo así como una adoradora del sol y le gusta «dormir» de noche y en días nublados, mientras que tiende a desplegar completamente sus hojas solo cuando sale el sol.

Los herbolarios a menudo presentan la pamplina en forma de cataplasma o ungüento calmante, y la famosa abadesa, herbolaria, mística y música alemana del siglo XII santa Hildegarda de Bingen (que se basó en gran medida en las prácticas orientales) recomendó que se aplicara directamente como tratamiento para heridas y llagas. Uno de sus nombres comunes en inglés, *stitchwort*, también implica que se incluyó en el proceso de sutura de heridas.

Los poderes curativos de la pamplina probablemente se deban a su alto contenido de saponinas, que le otorgarían una gran interacción con los componentes de las membranas celulares. Además de administrarse externamente, a veces se presenta como jugo: el agua de pamplina se ha bebido durante mucho tiempo (con toda probabilidad debido a sus cualidades laxantes) como remedio para la obesidad.

La pamplina fresca se puede comer en ensaladas para tratar el déficit de hierro, pero es mucho más normal que aparezca como parte de la dieta de tu mascota, ya que ayuda a calmar el tracto digestivo y fomenta la expulsión de bolas de pelo.

PAMPLINA • ESQUELETO

CONSUELDA

Symphytum officinale

OTROS NOMBRES COMUNES
consuelda mayor, oreja de asno, sínfito, suelda

LOS PODERES CURATIVOS de esta planta perenne están relacionados con los altos niveles de alantoína que contiene, un compuesto extraído de las raíces u hojas de la planta que se ha demostrado que estimula y repara el tejido celular dañado.

Se cree que fue traída a la Europa continental por los cruzados, que habían descubierto que sus secreciones funcionaban como yeso para fijar huesos. El nombre de consuelda en inglés, *comfrey*, bien puede derivar del latín *confero* («tejer juntos»), lo cual concuerda con otros nombres comunes para la planta en el mismo idioma *knitbone*, *boneset* y *knit back* («tejehuesos», «unehuesos» y «tejeespaldas»).

El médico griego Dioscórides prescribió consuelda como sanadora de heridas y huesos rotos, mientras que a los médicos isabelinos nunca les faltaba esta hierba, que se consideraba la panacea para todos los males. Los herbolarios modernos recurren a ella para aliviar el dolor y la inflamación causados por lesiones y síntomas degenerativos relacionados con la artritis reumatoide y la osteoartritis. En Alemania todavía es de uso común para esguinces, contusiones y lesiones deportivas, y estudios recientes indican que su valoración como reparador de tejidos y como antiinflamatorio para esguinces, osteoartritis y dolor lumbar no carece de fundamento.

Esta planta vivirá feliz en la mayoría de condiciones y se utiliza para tratar picaduras de insectos, quemaduras, cicatrices, inflamación de la piel, acné y mastitis. Presenta hojas gruesas, parecidas a las de la dedalera, y sus flores acampanadas rosadas o púrpuras son las favoritas de las abejas y muy queridas por los jardineros y propietarios de parcelas, que a menudo crean aceleradores de compost y abonan las plantas remojando las hojas durante largos períodos.

La consuelda, que generalmente se presenta en forma de crema o aceite de uso tópico, nunca debe consumirse, porque los componentes de la planta, en especial las raíces, pueden ser muy tóxicos para el hígado y, según algunas investigaciones modernas, potencialmente cancerígenos.

CONSUELDA • ESQUELETO

ALOE

Aloe vera

OTROS NOMBRES COMUNES
áloe, azabara, lináloe, olivastro de Rodas, zabida, zabila

L AS HISTORIAS DE LAS HIERBAS más humildes a menudo pueden proporcionar motivos que hacen que uno se detenga a pensar: esta moderna planta de interior, apreciada durante siglos en diferentes continentes, no contraviene esta tendencia.

Los poderes regenerativos del aloe, cultivado y de crecimiento silvestre alrededor del ecuador, han sido valorados tanto por los embalsamadores de los faraones egipcios como por los antiguos médicos romanos que trataban las heridas de los gladiadores. Se dice que Cleopatra incorporó extractos de aloe en su régimen de belleza, mientras que los antiguos griegos veneraban la planta como presagio de buena fortuna y salud.

Es común en ungüentos para la piel destinados a tratar heridas, quemaduras, llagas, eccema o psoriasis, entre otras afecciones. La clave es la gelatina del interior de las hojas carnosas y similares a espadas del aloe, ya que posee propiedades antibacterianas que forman una barrera protectora alrededor de la piel dañada y promueven el proceso de curación ofreciendo un bálsamo calmante.

Un claro ejemplo del poder curativo de este árbol de hoja perenne es que si cortas una hoja y la dejas al sol durante unas semanas, volverá a su estado fresco y recuperará el grosor al sumergirla en agua.

A menudo se consume como jugo para trastornos digestivos y renales, y algunos estudios clínicos han demostrado que el aloe también puede aliviar las úlceras bucales y el asma bronquial; hay investigaciones en curso sobre si podría desempeñar un papel positivo en el tratamiento del virus de inmunodeficiencia humana (VIH), la diabetes y el cáncer.

La planta puede crecer hasta 60 cm (2 ft) de altura y, aunque es popular entre los jardineros de todo el mundo, se suele cosechar comercialmente en climas más cálidos porque la potencia de su principal ingrediente curativo, la antraquinona, aumenta con el calor de los rayos del sol.

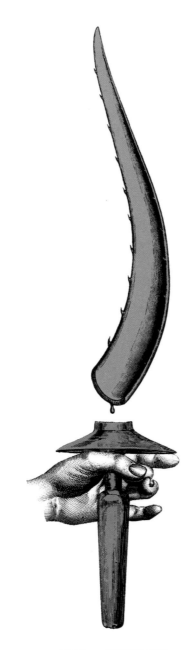

ALOE • ESQUELETO

APIO SILVESTRE

Apium graveolens

OTROS NOMBRES COMUNES
apio bastardo, apio blanco, apio borde, apio de agua,
apio de monte, apio dulce, apio palustre

UNO DE LOS VEGETALES más antiguos en la historia registrada es el apio silvestre, recolectado como alimento por los egipcios y del cual se encontraron restos en la tumba de Tutankamón. La variedad de apio que más se consume actualmente fue introducido en el siglo XVII por los agricultores italianos.

Conocido por sus propiedades de limpieza y su capacidad para ayudar a eliminar el ácido úrico, uratos y otros desechos causantes de dolor e inflamación en la gota y las condiciones reumáticas, las semillas de apio silvestre a menudo se prescriben como infusión para tratar tales dolencias. Las semillas también pueden mejorar la circulación sanguínea para aliviar el dolor muscular y articular, lo que explicaría por qué los antiguos griegos valoraban tanto este vegetal, honrando a sus atletas campeones con coronas hechas de sus hojas. En una nota más sombría, el escritor griego Plutarco menciona que se usaba para decorar tumbas, y los muertos a menudo eran coronados con él, un doble simbolismo de muerte y victoria.

Originario de muchos países europeos, crece en pantanos y tiene pequeños tallos huecos que florecen con masas planas parecidas a paraguas de florecillas blancas. Su nombre botánico deriva del latín *apis* («abeja») y *graveolens* («muy perfumado»), normal que sea una de las favoritas de las abejas.

El apio silvestre contiene el compuesto luteolina, capaz de reducir la inflamación del cerebro y beneficiar la salud cognitiva, y algunos estudios modernos han demostrado que esto genera un efecto calmante sobre el sistema nervioso central y es un promotor del sueño reparador. La planta a menudo se prescribe como té anticoagulante para reducir los niveles de colesterol, mientras que sus cualidades antisépticas y diuréticas también la hacen efectiva en el tratamiento de afecciones urinarias.

En la India, el apio silvestre se usa para tratar el hipo y la flatulencia, lo que supone un buen augurio para las sopas y guisos a los que se incorpora en Francia, donde se favorece el sabor más concentrado del apio silvestre sobre los cultivos modernos.

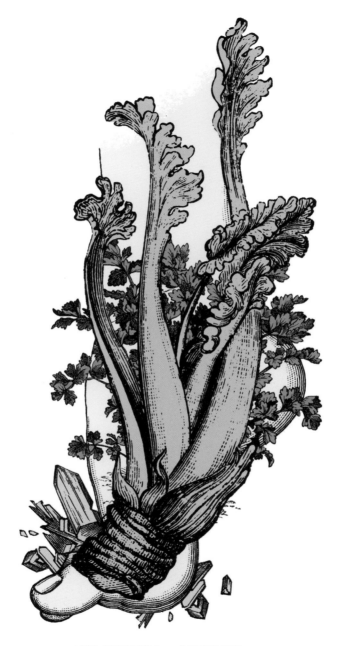

APIO SILVESTRE • ESQUELETO

LLANTÉN MAYOR

Plantago major

OTRO NOMBRE COMÚN
plantaina

CONOCIDA EN GAÉLICO como «la planta curativa» debido a su poder para curar heridas y contusiones, esta preciada planta perenne está incluida en el *Lacnunga* anglosajón, un tratado médico del siglo X que enumera las hierbas clave para tratar infecciones y venenos.

Dada su reputación, el llantén mayor era una opción obvia en los maletines de los médicos que acompañaban a las expediciones para explorar y colonizar nuevos territorios, y los indios americanos incluso nombraron a la planta «pie de inglés» o «pie de hombre blanco» debido a la forma en que parecía surgir por caminos donde los primeros colonos ingleses se establecieron. Una investigación propia de los indios americanos llevaría a usarlo como remedio para las mordeduras de serpiente de cascabel.

Originaria de Europa y Asia templada, donde a menudo se encuentra en los bordes de los caminos y en prados, las rosetas de exuberantes hojas verdes de la planta se recolectan en verano y se usan frescas por sus propiedades antiinflamatorias, que ayudan a detener el flujo sanguíneo y a reparar el tejido dañado de la piel. Las raíces de llantén mayor también se pueden triturar y aplicar en picaduras de abeja, irritaciones de la piel, úlceras, quemaduras y cortes menores.

Los herbolarios modernos también prescriben productos de llantén mayor en forma de ungüentos o lociones para el tratamiento de hemorroides, fístulas y úlceras, así como para la digestión y para tratar afecciones como gastritis, úlceras pépticas, diarrea, disentería, síndrome del intestino irritable, catarro respiratorio, pérdida de la voz y sangrado del tracto urinario.

LLANTÉN MAYOR • ESQUELETO

COL

Brassica oleracea

OTROS NOMBRES COMUNES
berza, brécol, brócol, bróculi, brócul, bróculi,
coliflor, coliflor verde, repollo

LA HUMILDE COL, un remedio natural para la inflamación e hinchazón de la piel, ha sido un recurso para generaciones de madres lactantes preocupadas por la mastitis y la congestión.

En este caso, la tradición viene respaldada por la investigación moderna: mantener una hoja de col fría en la parte interior del sujetador durante veinte minutos parece brindar un alivio similar del dolor que una compresa caliente.

Otra forma tradicional de cataplasma consiste en cortar la nervadura central de una hoja cocida, plancharla y colocarla (aún caliente) en el área de la piel que esté dolorida. Se dice que esto es bueno para las ampollas, aunque las hojas frescas (sin cocinar) también se utilizan para provocar la supuración en algunos tratamientos.

Tales prácticas han sido empleadas por generaciones de curanderos y están vinculadas a los altos niveles de glutamina y aminoácidos albergados dentro de la hoja, los cuales ejercen un efecto antiinflamatorio cuando se aplican directamente al tejido sensible de la piel.

La col se considera una buena fuente de vitaminas A y C (así como de hierro, calcio y fósforo). A pesar de su reputación de causar gases cuando se toma cruda o como jugo fresco, la col limpia el tracto digestivo y es popular como ungüento para enfermedades estomacales, obesidad, úlceras gástricas y duodenales, hemorroides y la eliminación de parásitos.

Otros usos comunes de la col incluyen cataplasmas para la neuralgia facial, los dolores reumáticos y la afonía (pérdida de voz debido a la enfermedad de la laringe); además, sirve para descomponer las toxinas en el hígado, lo cual coincide con la antigua creencia romana de que la col ofrecería una buena cura para la resaca.

Teniendo en cuenta el valor de esta bienal compacta como fuente barata de nutrición, podría considerarse un acierto de justicia botánica la metáfora que identifica la col como cosa buena en el refrán «entre col y col, lechuga».

COL · ESQUELETO

ORTIGA

Urtica dioica

OTRO NOMBRE COMÚN
pringamoza

AUNQUE SE ASOCIA con las molestias debidas a su «picadura» ácida, los herbolarios medicinales saben que esta planta, en apariencia omnipotente, ofrece muchos más aspectos positivos que negativos.

Con un sistema de raíces rastreras que le permite propagarse con impunidad, la ortiga se encuentra en todo el mundo. Los tallos se han utilizado para la fabricación de telas durante miles de años: los restos de cuerpos desenterrados en una tumba de la Edad del Bronce en Dinamarca (excavada en el siglo XIX) aparecían envueltos en tela de ortiga. Los antiguos romanos trajeron una especie de ortiga de sus expediciones al norte de Europa, que al parecer usaban para azotarse brazos y piernas en un intento por mantener la buena circulación durante los meses fríos. La planta sigue siendo un tónico clave para los meses de invierno gracias a los altos niveles del mineral boro, que se considera útil para aliviar las condiciones reumáticas y artríticas.

Además de ser un diurético, la ortiga también proporciona un buen remedio para la anemia; en cambio, los estudios sobre sus efectos en la osteoporosis han arrojado resultados ambivalentes. Sin embargo, los ensayos clínicos han demostrado que las raíces de la planta pueden reducir el agrandamiento de la próstata y aliviar los síntomas del tracto urinario inferior.

Contiene compuestos antihistamínicos y antiinflamatorios, y los extractos de la planta se utilizan para tratar la fiebre del heno y aliviar las obstrucciones bronquiales y nasales, así como astringente para detener las hemorragias nasales y las menstruales abundantes, y para reducir el sangrado de las heridas.

Con sabor similar al de las espinacas, la ortiga a menudo se cosecha para su uso en jugos, sopas y tés. A los que asuman el desafío, se les recuerda que deben usar guantes y asegurarse de disponer cerca un manojo de hojas de acedera, romero, menta o salvia como bálsamo para el inevitable escozor que se sufre al perturbar los pelillos de las hojas de ortiga.

Las ortigas que se remojan en agua durante varias semanas son un fertilizante muy nutritivo. Las afirmaciones de que también es capaz de alimentar los folículos pilosos para prevenir la pérdida de cabello son tan respetables como la creencia de que la planta proporciona un hábitat para los elfos.

ORTIGA • ESQUELETO

SIEMPREVIVA

Sempervivum tectorum

OTROS NOMBRES COMUNES
balsamina, siempreviva de los tejados, zurracoyote

CONCEDIDA A LA HUMANIDAD por el dios griego Zeus para proteger las casas de los rayos y el fuego, no pasó mucho tiempo antes de que se favoreciera el crecimiento de la siempreviva en los tejados de las casas; bajo el gobierno del supersticioso emperador romano Carlomagno, era obligatorio cultivarla por decreto por motivos de salud y seguridad.

Esta perenne resistente y suculenta crece en las regiones montañosas de Europa central, y se encuentra comúnmente en paredes y edificios. El nombre de la especie *tectorum* se traduce como «de los techos».

Las hojas de la siempreviva, que se presentan en múltiples rosetas con ocasionales flores rosadas o amarillas y en forma de estrella, se cosechan durante el verano. Los estudios demuestran que las hojas contienen un jugo (no muy diferente del aloe; véase la p. 142) con el que se puede hacer una cataplasma o un ungüento para tensar y suavizar la piel, calmar y enfriar las quemaduras, curar heridas menores o picaduras de insectos y tratar otros problemas de la piel, desde forúnculos, verrugas, callos y llagas hasta abscesos e irritaciones causadas por ortigas.

Beber un té preparado con las hojas de la planta servía para el tratamiento de úlceras, infecciones de garganta, bronquitis y dolencias bucales; en cambio, masticar la hoja no se recomienda contra el dolor de muelas, ya que puede inducir el vómito.

A lo largo de las generaciones, la siempreviva ha recibido algunos apodos interesantes relacionados con su poder para resistir los truenos, así como otros más impresionistas, como «gallina y polluelos» en reconocimiento de la forma como las rosetas laterales se separan de la planta madre para regenerarse.

Un nombre que recibe en inglés y que no se puede ignorar es «bienvenido al hogar, esposo, por muy borracho que vengas»; hay quien cree que está relacionado con una vieja afirmación culinaria según la cual la carne condimentada con siempreviva aumenta la virilidad masculina. Tal vez sea mejor quedarse con la siempreviva como remedio para el dolor de oído, una práctica que cuenta con mucha más credibilidad clínica.

SIEMPREVIVA • ESQUELETO

CALÉNDULA

Calendula officinalis

OTROS NOMBRES COMUNES
botón de oro, maravilla, mercadela

LAS FLORES SIMILARES al sol de esta anual se han considerado sagradas durante siglos en varias culturas, y sigue siendo venerada entre los herbolarios de todo el mundo como ingrediente principal para lociones y ungüentos para la piel.

Las cualidades antisépticas, antifúngicas y antibacterianas de las cabezas florales de la caléndula se utilizan en ungüentos para afecciones de la piel, heridas, quemaduras y erupciones cutáneas, y también se pueden incorporar en cataplasmas para picaduras. De hecho, poco hay de la planta que pueda desperdiciarse: la savia de los tallos se usa para tratar verrugas, callos y callosidades, mientras que los lavados oculares para la conjuntivitis se preparan a partir de infusiones frías de toda la planta.

Esta nativa del Mediterráneo ha sido apreciada por sus asociaciones positivas con el poder radial del sol desde la Antigüedad. La planta recibe nombres en otros idiomas relacionados con el cristianismo y con temas simbólicos como la salida del sol, el rejuvenecimiento y la resurrección. La caléndula se utiliza para decorar las estatuas de las deidades hindúes, y todavía se incluye en ceremonias y rituales en la India y Arabia.

Además de su uso en celebraciones, los antiguos griegos y egipcios disfrutaban de los pétalos como un ingrediente similar al azafrán en la cocina, y se sabe que los Tudor colorearon y aromatizaron pasteles, sopas y guisos insípidos con ella.

Si deseas mantener el mal lejos de tu hogar, cuelga una guirnalda de flores de caléndula sobre la puerta, o esparce algunos pétalos debajo de la almohada para hacer realidad tus sueños.

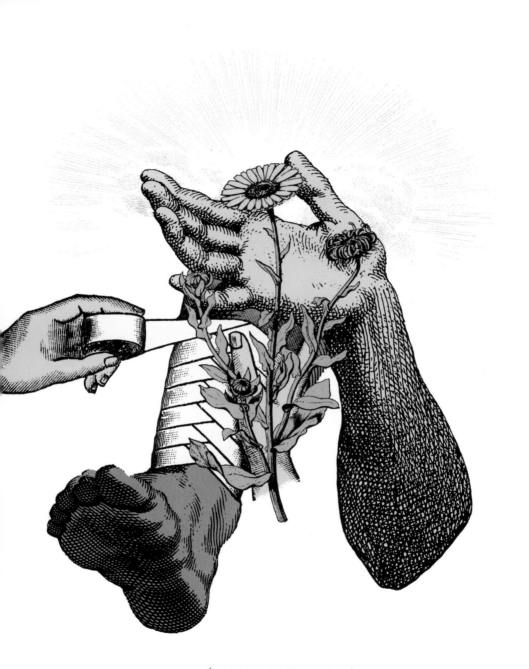

CALÉNDULA • ESQUELETO

FICARIA

Ficaria verna

OTROS NOMBRES COMUNES
celidonia menor, escrofularia menor, hierba centella menor,
hierba de las almorranas

LA FICARIA SE USABA como remedio tradicional contra las hemorroides y úlceras: los curanderos medievales creían que solo llevar encima un manojo de esta perenne invasiva era suficiente para curar las almorranas de los pacientes que las sufrían durante mucho tiempo.

El hecho de que los tubérculos nudosos de la planta se asemejen a un brote particularmente temible de una afección tan dolorosa fue agua al molino de los médicos que siguieron la doctrina de las signaturas: la planta pasó a ser comúnmente conocida como hierba de las almorranas.

En las Islas Occidentales de Escocia se creía que los tubérculos se parecían a la ubre de una vaca, por lo que los colgaban en los establos para fomentar la producción de leche, y eso le valió a la planta el apodo de «mantequilla y queso». Una asociación visual más agradable para los tubérculos de esta amante de bosques y márgenes europeos es su nombre de especie, *Ficaria*, que deriva de la palabra latina para designar los higos, *ficus*.

El nombre alemán para la celidonia es *Scharbockskraut*, que se traduce como «escorbuto», en referencia al tipo de dolencia que los altos niveles de vitamina C contenidos en sus hojas brillantes podrían ayudar a combatir. Del mismo modo, el nombre ruso de la planta es *chistobel* («cuerpo limpio»), y en ese país se usa para baños destinados a curar irritaciones de la piel como la dermatitis y la rosácea.

En el pasado se la consideraba una «hierba visionaria» que podía aumentar las habilidades psíquicas, y también se ha incorporado en infusiones para inducir sueños agradables. Por desgracia, al igual que su uso moderno más común como ungüento o supositorio para tratar las hemorroides, hay poca evidencia científica que apoye tales prácticas.

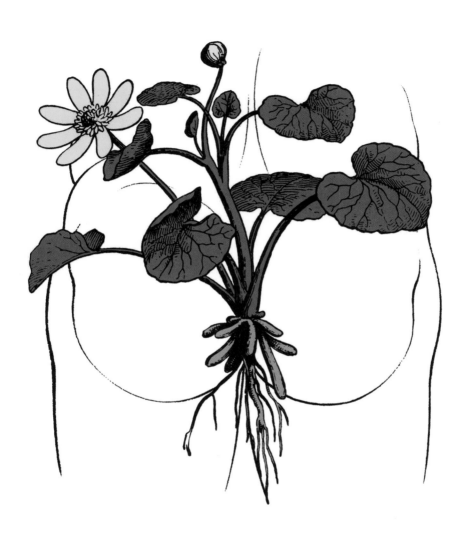

FICARIA • ESQUELETO

AVENA

Avena sativa

LA ENTRADA «AVENA» en el *Diccionario de la lengua inglesa* (1755), de Samuel Johnson, reza: «Un grano que en Inglaterra generalmente se da a los caballos, pero en Escocia es alimento para las personas». La respuesta escocesa: «Sí: por eso Inglaterra cría caballos tan finos, y en Escocia la gente es tan maja».

Todavía consumida con el fin de mantener la función muscular durante el entrenamiento y el ejercicio de humanos y animales, esta hierba anual contiene niveles generosos de vitamina B, muy útil cuando se trata de construir tejido corporal y resistencia, así como apoyar el sistema inmunológico.

Los granos y la paja de la avena no solo incrementan ligeramente la energía, sino que también pueden actuar como antidepresivo suave para el sistema nervioso y combatir el insomnio, el agotamiento nervioso y el estrés. En la década de 1800, los médicos abogaron por un té hecho de paja de avena como tónico nervioso, un brebaje que todavía se vende comercialmente hoy en día como tratamiento cuando se tiene un poco de ansiedad.

La avena, de la que también se dice que ejerce un efecto positivo en la tiroides, el sistema digestivo, los niveles de azúcar en la sangre y el ansia de fumar, generalmente se come como cereal o salvado para reducir el colesterol. Menos conocida es la práctica de sumergirse en una decocción colada de avena para beneficiarse de su efecto calmante y limpiador en casos de eccema y problemas cutáneos con picazón.

Estudios recientes demuestran que el consumo de avena puede elevar los niveles de testosterona, algo que da crédito a la antigua tradición agrícola de dar el alimento a los sementales, así como al viejo dicho inglés sobre los jóvenes que quieren «sow their wild oats» (literalmente, «sembrar su avena silvestre», pero con el sentido figurado de «vivir la vida»).

AVENA • ESQUELETO

HAMAMELIS

Hamamelis virginiana

OTROS NOMBRES COMUNES

avellano de bruja, escoba de bruja

SIENDO UNO de los ingredientes naturales más populares en el mundo para el cuidado de la piel, que incluye desde el tratamiento de afecciones médicas hasta la solución de problemas cosméticos, es posible que cualquier fórmula incluya hamamelis.

La clave del atractivo de este arbusto o árbol pequeño son los taninos de sus hojas y de su corteza, que crean una cubierta protectora y astringente en casos de abrasiones de la piel, aumentando la resistencia a la inflamación, promoviendo el rejuvenecimiento de los vasos sanguíneos y previniendo infecciones.

Desde hace mucho tiempo se ha demostrado que el hamamelis es valioso en el tratamiento de quemaduras, escaldaduras, picaduras de insectos y afecciones inflamatorias como el acné y el eccema; además, también se ha convertido en un ingrediente valioso en productos de limpieza, tonificación y antienvejecimiento. El aceite extraído de la corteza de la planta se destila para producir tales productos y a veces se utiliza para lavados de ojos, así como para ungüentos para varices, hemorroides y moretones.

Las hojas de hamamelis, originaria de América del Norte, pero ahora cultivada en Europa, se recolectan y se secan en verano, y la corteza se cosecha en otoño.

Los indios americanos elaboraban cataplasmas de corteza empapada para tratar tumores e inflamaciones (particularmente oculares) y usaban las hojas para tratar la hemorragia interna y el sangrado menstrual abundante.

En la práctica zahorí, los colonizadores europeos de América del Norte del siglo XVIII hicieron uso de la naturaleza flexible de la planta como vara de radiestesia en su búsqueda de nuevos abrevaderos. Estos colonizadores habían utilizado el avellano común (*Corylus avellana*) para las varillas de radiestesia en sus respectivos países de origen, lo cual explica por qué el hamamelis, la materia prima para la nueva herramienta, se llama también avellano de bruja.

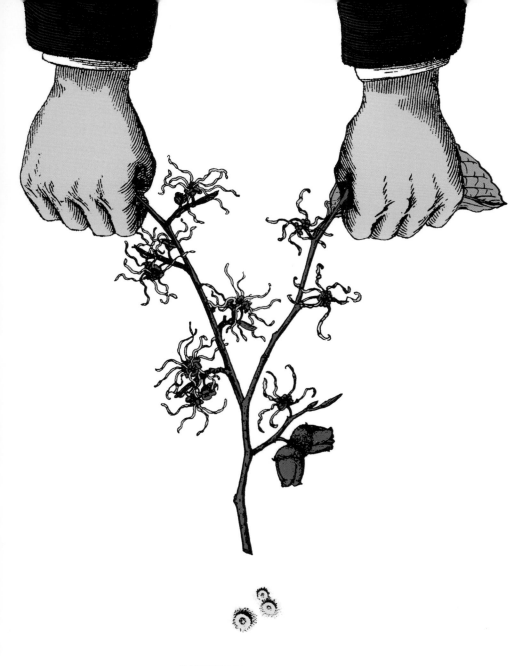

HAMAMELIS • ESQUELETO

GAULTERIA

Gaultheria procumbens

OTROS NOMBRES COMUNES
axocopaque, ebúrnea, té de Canadá

D URANTE LA GUERRA de Independencia de Estados Unidos en el siglo XVIII, las hojas de este arbusto bajito se utilizaron como sustituto de las hojas de té, que los británicos habían importado tradicionalmente de las colonias. Al hacerlo, los nuevos republicanos se remontaban a una tradición mucho más antigua.

Los indios americanos y los canadienses habían bebido infusiones de gaulteria similares al té durante generaciones como tratamiento para el dolor de espalda, reumatismo, fiebre, dolores de cabeza, dolor de garganta y para calmar las articulaciones doloridas.

Originario del centro y este de América del Norte, este arbusto crece en bosques y zonas montañosas expuestas, y presenta hojas coriáceas y ovaladas, florecillas blancas y rosadas, y frutos rojos brillantes. Sus bayas maduras saben a una menta incómodamente fuerte y fragante.

Los herbolarios recolectan hojas y bayas de gaulteria en verano. Cuando se trituran, emiten un olor a alcanfor que se usa como saborizante y que resultará familiar a los que usan ungüento de germolina o pasta de dientes Euthymol, o que beben ciertas infusiones de raíces.

La gaulteria, que contiene ácido salicílico para aliviar el dolor, un fuerte antiinflamatorio y antiséptico presente en la aspirina, se ha utilizado para aliviar los problemas artríticos. Cuando se toma como té, puede calmar el sistema digestivo y aliviar la flatulencia y los cólicos, mientras que los aceites esenciales, bálsamos o ungüentos son populares entre los deportistas que sufren dolores musculares relacionados con entrenamientos físicos intensos, como esguinces, calambres, rigidez muscular, dolores de espalda y de ligamentos.

A menudo vendida en supermercados y centros de jardinería como planta decorativa de temporada, es fácil olvidar que hubo una época en que con esta planta de hoja perenne brindaban los reyes: su nombre botánico *Gaultheria* proviene de Jean-François Gaulthier, cirujano y botánico del siglo XVIII del rey de Francia, Luis XV, que «descubrió» la planta en un viaje a Quebec.

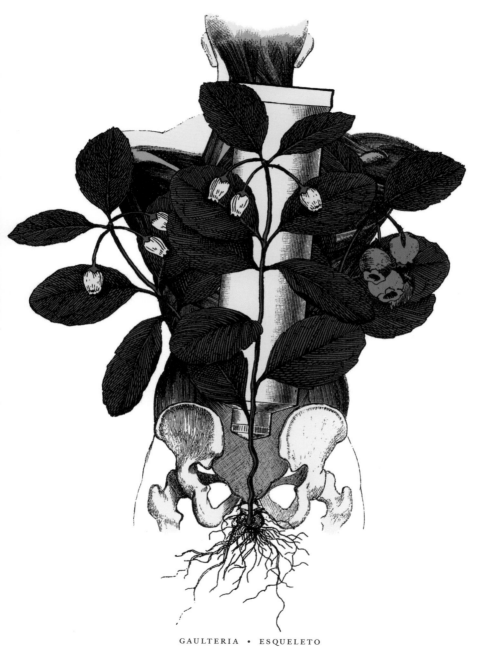

GAULTERIA • ESQUELETO

ÁRNICA

Arnica montana

OTROS NOMBRES COMUNES
estornudadera, tabaco de montaña, talpa

ESTA DURA PLANTA perenne crece en bosques alpinos y pastos, y durante muchos siglos ha gozado de la alta estima de los herbolarios europeos como antiinflamatorio.

Mejor conocida en forma de ungüento y compresa para casos de contusiones, esguinces y dolores musculares, el árnica mejora el flujo de sangre a las áreas dañadas y puede acelerar la curación. Al estimular la circulación, sería de particular valor para los que sufren de angina de pecho y corazones débiles o delicados, y también podría usarse para tratar el dolor reumático y los sabañones.

Las hojas y raíces de la planta se han secado y fumado de forma tradicional como tabaco herbal popular, y existen referencias históricas (sin ninguna prueba científica moderna) a su empleo como estimulante para el crecimiento del cabello y el tratamiento de la epilepsia y el mareo.

Crece comúnmente en Europa, y las flores de la planta se cosechan en verano y las raíces en otoño.

El árnica no debe aplicarse sobre la piel herida, ya que puede causar erupciones e irritación, y conviene pensárselo dos veces antes de manipularla si no se dispone de un pañuelo a mano: su olor hace estornudar a la mayoría de las personas, por lo que se dice que su nombre deriva de la palabra griega *ptarmikos* («estornudar»).

ÁRNICA • ESQUELETO

CONSUELDA MENOR

Prunella vulgaris

OTROS NOMBRES COMUNES
consueldilla, chupa, érico, hierba de las heridas, prunela,
hierba del carpintero, hierba del podador

LOS MÉDICOS CHINOS recurren a las propiedades antiinflamatorias de esta planta perenne rastrera desde hace miles de años, mientras que los comerciantes y trabajadores de todas las culturas han aprovechado durante mucho tiempo sus poderes curativos como bálsamo para las lesiones sufridas en el trabajo.

La apariencia de gancho del labio superior de las flores fue determinante en la consolidación de su papel en la medicina occidental cuando apareció en la doctrina de las signaturas en el siglo XVI: el gancho se consideró un símbolo del hecho de que el uso de anzuelos y hoces a menudo produce heridas durante las tareas agrícolas.

Esta planta del hemisferio norte se cosecha mejor cuando está en flor durante los meses de verano. Prospera en los bordes de los caminos, en prados y tierras de cultivo, a menudo cerca de donde ocurren los accidentes agrícolas, lo que proporciona más pruebas a los médicos de que la planta merece el título de curadora de heridas. Algunos de sus seudónimos posteriores, como hierba de las heridas, hierba del carpintero o hierba del podador están vinculados al tema de las lesiones en el campo o en los talleres artesanales.

El valor médico que los curanderos de la época otorgaban a las asociaciones entre las dolencias humanas y la apariencia de las plantas se aplicó dos veces con la consuelda menor por la forma de garganta que se observaba en el interior de las flores violetas y rosadas de la espiga floral. Al igual que los médicos griegos antiguos antes que ellos, los curanderos del siglo XVI emplearon la planta una vez más para tratar enfermedades de la garganta, como las anginas y la difteria, así como para preparar infusiones con que aliviar el dolor de garganta y la amigdalitis.

La consuelda menor continúa siendo utilizada por los herbolarios modernos para detener el sangrado y curar heridas, así como para calmar quemaduras y moretones, además de prescribirse como gárgaras para dolores de garganta e inflamación bucal. Parece que los curanderos de la época moderna temprana acertaron en eso.

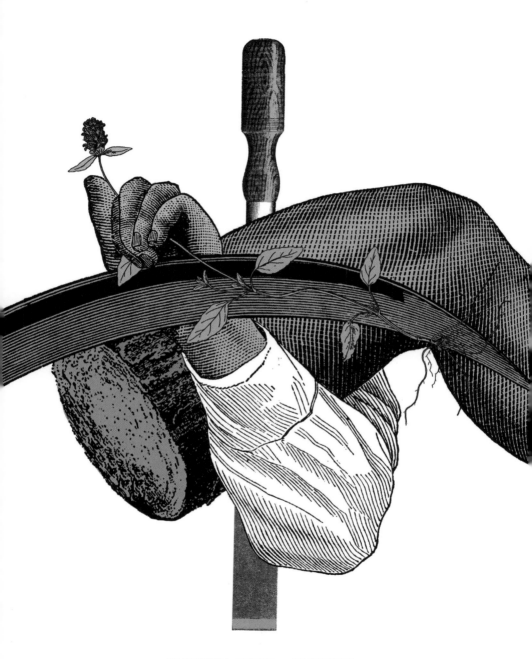

CONSUELDA MENOR • ESQUELETO

SAUCE

Salix alba

OTROS NOMBRES COMUNES
sauce blanco, salguero

LOS ANTIGUOS TEXTOS médicos egipcios, griegos, sumerios y asirios presentan la corteza seca, áspera y gris del sauce como remedio para dolores y fiebres, y bien se podría trazar una línea desde ellos hasta la llegada de la aspirina en 1899.

Se dice que el clérigo y naturalista inglés Edward Stone puso en marcha el proceso científico que daría lugar al nacimiento de la aspirina cuando comenzó ensayar sobre los beneficios para la salud de la corteza de sauce seca en la década de 1750. Inspirados por su trabajo, una nueva generación de químicos europeos separó el ingrediente más activo de la corteza (ácido salicílico) de su fuente natural, lo que se convertiría en el ingrediente clave de la nueva «droga maravillosa» creada por científicos alemanes.

Los ensayos clínicos modernos han demostrado que las dosis altas de corteza de sauce representan una buena alternativa a los medicamentos antiinflamatorios, particularmente en relación con el alivio del dolor de la osteoartritis, el dolor lumbar y el malestar en articulaciones como rodillas y caderas. El ácido salicílico que se encuentra dentro del árbol provoca pocos efectos secundarios cuando se toma en formas más naturales, y ahora se está investigando ampliamente como alternativa a los antiinflamatorios tradicionales a base de aspirina, como el ibuprofeno, que algunas personas no pueden tomar debido a otras afecciones subyacentes.

Descrita como una hierba «refrescante», los herbolarios creen que su extracto también puede reducir el dolor de cabeza, sudores y fiebres, y ayudar a paliar los síntomas de la menopausia, como sofocos y sudores nocturnos.

Este enorme árbol es originario de gran parte de Europa y puede crecer hasta 25 m (82 ft) de altura. Prospera en condiciones húmedas, como en las orillas de los ríos, y a veces se lo conoce como sauce blanco porque la parte inferior de sus hojas es de un tono blanquecino.

Existen muchas variedades de sauce, y los artesanos lo valoran tanto como los curanderos por su madera resistente y duradera, ligera, flexible y fácil de trabajar. No es de extrañar que el regalo de un sauce una mañana de mayo se considerara que traía buena suerte.

SAUCE • ESQUELETO

COLA DE CABALLO

Equisetum arvense

OTROS NOMBRES COMUNES
candadillo, cola de caballo menor, estañera, hierba estañera

ESTA PLANTA PRIMITIVA sin afinidad directa con ninguna otra planta moderna desciende de un ancestro de gran tamaño que podía crecer hasta 30 m (100 ft) de altura y que era descendiente de la era paleozoica, hace más de 300 millones de años.

Considerada durante mucho tiempo una hierba curativa de heridas, la cola de caballo (que ahora crece hasta alrededor de 35 cm / 14 in) contiene grandes cantidades de ácido silícico, silicatos y alcaloides (incluida la nicotina), que contribuyen a la regeneración de los tejidos conectivos y a la coagulación de la sangre.

Originaria de Europa, el norte de Asia y las Américas, la planta prefiere el suelo húmedo. Los tallos estériles, en forma de aguja, que pueden ser sorprendentemente frágiles, se cosechan y secan en verano. En Europa, los tallos jóvenes de las variedades anteriores y más grandes de la planta se comían y se aliñaban como espárragos o se freían con harina y mantequilla, y los romanos más pobres los comían como verdura. Si bien los comensales occidentales ya no los consideran particularmente nutritivos ni sabrosos, los brotes siguen siendo característicos de numerosos platos coreanos.

Los herbolarios modernos utilizan la cola de caballo para curar heridas y detener hemorragias nasales, así como indicado para el sistema urinario en casos de cistitis, uretritis y enfermedad de la próstata. La cola de caballo menor también puede presentarse como tratamiento para problemas renales y de vejiga, úlceras hemorrágicas, artritis y reumatismo, y afecciones torácicas como el enfisema.

El alto contenido de sílice de la cola de caballo hace que la planta sea bastante abrasiva al tacto, por lo que fue utilizada por las lecheras para limpiar cubos de leche, para pulir metal y madera y para alisar superficies rugosas, así como un elemento básico de las escobas.

COLA DE CABALLO • ESQUELETO

ÍNDICE

AGRADECIMIENTOS

Muchas gracias a Martin Purdy por animar el libro convirtiendo mis notas en prosa. A Alice Graham, la editora, por tropezar con mi trabajo y hacer que la idea se convirtiera en este libro. Al equipo de Frances Lincoln, especialmente a Bella Skertchly, Paileen Currie e Isabel Eeles, por su estoico apoyo y participación en el proyecto. Infinitamente agradecida a Christian Brett, mi compañero, marcador de pasos, columna vertebral y tipógrafo. A mi familia, Julian y Mary y Ben Smith, Allen y Pauline y Charlotte Brett, por su apoyo y aliento en todo momento. A Graham Moss y Kathy Whalen por ser fuente interminable de conocimiento, risas e inspiración que contribuyeron a la evolución de este libro. A Penny Rimbaud, Gee Vaucher y Bron Jones, por la energía, la imaginación y nutrición que inspiraron la serie original de ilustraciones. A Penny Waters, por presentarme e inculcarme la adicción al mosto. A Dominique Van Cappellen, Sue Shaw, Alessandra Mostyn, por ser grandes animadoras y facilitadoras de esta serie. A Tom Hodgkinson y Victoria Hull, por su apoyo y dedicación. A John Mitchinson, por el buen consejo. A mi comunidad de huertos y vecinos, por pasar por alto mis malas hierbas y extraños hábitos de cultivo de plantas este último año. Y a amigos y familiares, por su apoyo durante los extraños años de pandemia de los que nació este libro.

Gracias también a: The Wellcome Collection, Kew Gardens, Chelsea Physic Garden y RHS, por ser una fuente de conocimiento e inspiración a lo largo de mis meandros autodidactas. A Monty Don, James Wong, Gertrude Jekyll, Maud Grieve, John Gerard, Nicholas Culpeper, Pedanius Dioscorides y todas las personas dedicadas a las plantas a lo largo de la historia, por ser lo suficientemente audaces como para poner en papel lo que creyeron, lo que hallaron y lo que dijeron. A todos los ilustradores médicos y botánicos de todos los siglos que dejaron legados de los que me he alimentado y echado mano. A las generaciones de científicos, investigadores médicos y profesionales que mantienen una mente abierta para revisar el conocimiento antiguo y moderno.

ALICE SMITH

ACERCA DE LOS AUTORES

A LICE SMITH es una artista, ilustradora independiente y diseñadora afincada en Lancashire, Reino Unido. Es la directora de arte de la revista *Idler* y cofundadora de Bracketpress, que publica trabajos de un grupo ecléctico de escritores y músicos inconformistas. Su trabajo se ha exhibido en el Reino Unido, Estados Unidos y Europa, y Alice expone y vende su obra en ferias del Reino Unido.

M ARTIN PURDY es un escritor independiente, historiador, doctor en filosofía y miembro del colectivo de canciones populares y narración Harp & a Monkey. Sus trabajos publicados incluyen *Doing Our Bit* y *The Gallipoli Oak*, así como títulos de investigación para la franquicia *Who Do You Think You Are?*

cincotintas

La edición original de esta obra ha sido publicada
en el Reino Unido en 2022 por Frances Lincoln,
sello editorial de The Quarto Group, con el título

The Physick Garden: Ancient Cures for Modern Maladies

Traducción del inglés
Gemma Fors

Av. Diagonal, 402 – 08037 Barcelona
www.cincotintas.com

Primera edición: septiembre de 2023

Impreso en China
Depósito legal: B 8725-2023
Código Thema: VXHT
Medicina tradicional y remedios herbarios

ISBN 978-84-19043-19-1